Heinrich Mussinghoff

Jerusalem
– das Herz der Welt

Pilgerfahrten ins Heilige Land

Heinrich Mussinghoff

Jerusalem
– das Herz der Welt

Pilgerfahrten ins Heilige Land

dialogverlag

Bibliografische Information Der Deutschen Bibliothek
Die Deutsche Bibliothek verzeichnet diese Publikation in
der Deutschen Nationalbibliografie; detaillierte bibliografische
Daten sind im Internet über http://dnb.ddb.de abrufbar.

ISBN 978-3-937961-86-6
1. Auflage 2008
© 2008 by dialogverlag Münster

Fotos: Hans-Josef Joest

Foto Umschlagrückseite: Harald Oppitz, KNA

Gesamtherstellung: dialogverlag Münster

Inhalt

6

Zum Geleit

Mit zwei Ereignissen möchte ich den dritten Band meiner Pilgerfahrten ins Heilige Land einführen, weil man Israel nur verstehen kann, wenn man darum weiß: Das erste ist die Shoah, die Vernichtung der Juden Europas durch die nationalsozialistischen Verbrecher. An sie hat Papst Benedikt XVI. erinnert durch seinen denkwürdigen Besuch in Auschwitz. Das zweite ist die Staatsgründung Israels am 15. Mai 1948, die das Existenzrecht Israels begründete und seither eine Quelle der Auseinandersetzungen im Nahen Osten wurde.

1. Am 28. Mai 2006 besuchte Papst Benedikt XVI. Auschwitz. Es war ein dunkler, regnerischer Tag. Ich war eingeladen ins Zentrum für Gebet und Dialog, wo ein Priester unseres Bistums seit Jahren Versöhnungsarbeit leistet.

Der Papst kam sichtlich ernst und erschüttert von der Erschießungswand und dem Hungerbunker des Paters Maximilian Kolbe OFM durch das Tor mit der zynischen Inschrift »Arbeit macht frei« zurück, begrüßte die Schwestern des Karmel von Auschwitz und begab sich nach Birkenau. Langsam schritt er die Gedenksteine ab, die vom menschlichen Leid künden und den Zynismus der Macht ahnen lassen.

Der Papst begann zaghaft zu sprechen: »An diesem Ort des Grauens, einer Anhäufung von Verbrechen gegen Gott und den Menschen ohne Parallele in der Geschichte zu sprechen, ist fast unmöglich – ist besonders schwer und bedrückend für einen Christen, einen Papst, der aus Deutschland kommt. An diesem Ort versagen die Worte, kann eigentlich nur erschütterndes Schweigen stehen – Schweigen, das ein inwendiges Schreien zu Gott ist: Warum hast du geschwiegen? Warum konntest du das alles dulden? In solchem Schweigen verbeugen wir uns inwendig vor der ungezählten Schar derer, die hier gelitten haben und zu Tode gebracht worden sind; dieses Schweigen wird dann doch zur lauten Bitte um Vergebung und Verzeihung, zu einem Ruf an den lebendigen Gott, dass er solches nie wieder geschehen lasse ...«

In diesem Moment zeigte sich der Regenbogen, der sich über den Papst und Birkenau erhob. Ich spürte, wie die Menschen, Juden und Christen, dieses Zeichen verstanden,

Gott werde seinen Bund für immer bewahren und die Menschheit nie wieder zerstören.

Der Papst erinnerte am 22. Dezember 2006 an dieses Ereignis: »Bei meinen Wegen durch Polen konnte der Besuch in Auschwitz-Birkenau nicht fehlen. An der Stätte der grausamsten Unmenschlichkeit – des Versuchs, das Volk Israel auszulöschen und so auch die Erwählung Gottes zuschanden zu machen, Gott selbst aus der Geschichte zu verbannen. Es war für mich ein großer Trost, als am Himmel ein Regenbogen erschien, während ich in der Gebärde des Hiob zu Gott rief angesichts des Grauens dieser Stätte, im Schrecken über die scheinbare Abwesenheit Gottes und zugleich in der Gewissheit, dass er auch in seinem Schweigen nicht aufhört, bei uns zu sein und zu bleiben. Der Regenbogen war wie eine Antwort: Ja, ich bin da, und die Worte der Verheißung, des Bundes, die ich nach der Sintflut gesprochen habe, gelten auch heute« (vgl. Gen 9, 12-17).

2. Im Abschlusskommuniqué des Internationalen Bischofstreffens zur Unterstützung der Kirche im Heiligen Land (18. 1. 2007) heißt es: »Nach einem für Israelis, Palästinenser und die Völker des Mittleren Ostens so traumatisch verlaufenen Jahr (Libanonkrieg) ist das gemeinsame Engagement unserer Bischofskonferenzen zur Unterstützung der Kirche im Heiligen Land wichtiger denn jemals zuvor. In unseren Heimatländern und zumal unter den Katholiken herrscht tiefe Besorgnis über die Situation im Nahen Osten …

Unser Glaube an den einen Gott verpflichtet uns zum Engagement für das Wohl beider Völker, Israelis und Palästinenser, und für die Angehörigen von drei Religionen, Juden, Christen und Muslimen, die alle zu der einen Familie Gottes gehören. Als Bischöfe und Hirten bekräftigen wir die Worte unseres Heiligen Vaters in seiner jüngsten Ansprache an das Diplomatische Korps: »Die Israelis haben das Recht, in Frieden in ihrem Land zu leben, die Palästinenser haben das Recht auf ein freies und souveränes Vaterland« (8. 1. 2007) …

Die Zukunft aller Völker im Heiligen Land hängt von einem gerechten und dauerhaften Frieden ab. Auf beiden Seiten herrscht tiefes Leid. Mit geeigneten Maßnahmen sollte deshalb gegenseitiges Vertrauen aufgebaut werden. Die Errichtung eines lebensfähigen Palästinenserstaates und damit die Beendigung der Besatzung setzt ein zusammenhängendes Territorium voraus und stellt den Verlauf der Sicherheitsgrenze sowie die Ansiedlung und Errichtung von Siedlungen in der Westbank in Frage. Unterdessen brauchen die Palästinenser Bewegungsfreiheit, damit sie einer Arbeit nachgehen, ihre Familienangehörigen treffen, medizinische Versorgung erhalten und Schulen besuchen können. An Grenzen und Kontrollpunkten darf es keine erniedrigende Behandlung geben. Da die Familie die Grundlage der Gesellschaft ist, sollte Israel die Zusammenführung von Familien mit einem palästinensischen Ehepartner gestatten ...

Wir haben die Leiden und Entbehrungen der Palästinenser miterlebt. Es ist Einigkeit ... unter den Palästinenserführern notwendig, damit sie einen gerechten Frieden für eine bessere Zukunft aushandeln können. Eine Abwendung von Gewalt und die Anerkennung des Staates Israel in allen Teilen der palästinensischen Gesellschaft wird das Vertrauen der internationalen Gemeinschaft in die palästinensische Autonomiebehörde stärken und deren Unterstützung wachsen lassen ...

Eines steht fest: Auf dieser Suche nach Gerechtigkeit und Frieden müssen neue Wege beschritten werden: damit die Israelis ihre Angst überwinden können und so ihre kontraproduktive Sicherheitspolitik aufgeben, die das palästinensische Volk unterdrückt und damit die Palästinenser ihre Wut und Verzweiflung überwinden können und von der Gewalt ablassen, die das israelische Volk mit Angst erfüllt ...

Gemeinsam mit den Bischöfen im Heiligen Land bitten wir Katholiken, für den Frieden zu beten, Pilgerfahrten zu unternehmen und mit anderen Initiativen die Mutterkirche zu unterstützen. Wir beten für den Mut und die Orientierung, die notwendig sind, um die Fesseln von Angst und Verzweiflung im Heiligen Land zu sprengen.«

+ Heinrich Mussinghoff

Bischof von Aachen

Aachen, im Mai 2008

>> **Es kommt der Tag,
dein Tag erscheint,
da alles neu in Blüte steht**

Laudes zur Fastenzeit

**Pilgerfahrt
des Ständigen Rates
der Deutschen Bischofskonferenz
ins Heilige Land
26. Februar bis 4. März 2007**

Es ist die erste Fastenwoche des Jahres 2007, in der der Ständige Rat der Deutschen Bischofskonferenz eine Pilgerfahrt ins Heilige Land unternimmt. Zum ersten Mal, dass eine ganze Bischofskonferenz ins Heilige Land kommt und dort tagt. Alle Bistümer sind vertreten, fast alle 27 Ordinarien der deutschen Bistümer sind dabei, dazu etwa 20 Journalisten. Das Sekretariat der Deutschen Bischofskonferenz und der Deutsche Verein vom Heiligen Land hatten auch mit Hilfe der Deutschen Botschaft die Reise exzellent vorbereitet.

Ziel dieser Reise war zum einen die geistliche Pilgerfahrt zu den heiligen Stätten Jesu und Mariens, der Apostel und Jünger des Herrn sowie der frühen Kirche im Land. Zum anderen sollte es eine Solidaritätsreise sein, die den wenigen Christen im Land sagt: Ihr seid nicht vergessen; wir denken an euch, und wir sind bei euch auf dieser Reise, in unseren Gebeten und Hilfeleistungen. Und wir wollten ein Bild gewinnen von der Situation des Konflikts zwischen Israelis und Palästinensern, zwischen Hamas und Fatah, zwischen Juden, Christen und Muslimen. Wir wollten hören, wo Ansätze und Chancen für kleine Schritte des Friedens sind. Wir wollten deutlich machen, dass uns das Schicksal der Menschen im Heiligen Land interessiert und zu Herzen geht. Wir wollten sagen: Was wir für den Frieden tun können, wollen wir tun.

Ich hatte am Samstag in Bocholt meine Großnichte Carla getauft und dann Sonntag die Zulassungsfeier für erwachsene Taufbewerber aus Nigeria, China, Russland, den neuen Bundesländern und Westdeutschland gehalten. Ereignisse, die in die Fastenzeit gehören und auf die Erneuerung in Christus hinweisen.

»Dies venit, dies tua per quam reflorent omnia«, so singen wir im Hymnus der Laudes zur Fastenzeit. Er richtet unseren Blick auf den österlichen Herrn, auf den Tag des auferstandenen Christus.

>»Es kommt der Tag, dein Tag erscheint,
>da alles neu in Blüte steht;
>der Tag, der unsere Freude ist,
>der Tag, der uns mit dir versöhnt.«

Am 26. 2. um 10.10 Uhr startet die Lufthansa-Maschine und fliegt südwärts, dann die Donau entlang, um über den Balkan, Griechenland und das Mittelmeer Kurs zu nehmen über Zypern auf Tel Aviv, wo wir um 14.45 Uhr landen. Auch hier ist die Abfertigung zügig. Mit dem Bus geht es quer durch Galiläa. Verspätet erreichen wir das Pilgerhaus in Tabgha.

Der israelisch-palästinensische Konflikt:
Gebt dem Frieden eine Chance

Nach dem Abendessen führen der Deutsche Botschafter in Israel, Dr. Harald Kindermann, und der Ständige Vertreter der Bundesrepublik Deutschland bei der Palästinensischen Autonomiebehörde, Jörg Ranau, in die Situation des Landes ein. Die Dramatik des Konfliktes ist seit der Staatsgründung Israels 1948 geblieben. Der Wunsch, Israel ins Meer zu werfen, ist in Teilen der arabischen Welt immer noch lebendig. Heute ist es der iranische Staatspräsident Mahmud Ahmadinedschad, der verbale Attacken gegen Israel fährt und offenbar die Produktion von Atombomben anstrebt.

Die fünf Millionen palästinensischen Flüchtlinge, zusammengepfercht in Lagern und Elendsquartieren, bleiben eine ständige Bedrohung. Eine Million Menschen, eingezwängt in den engen und ungeliebten Gazastreifen, bilden ein gefährliches und explosives Potenzial. Wo Menschen ohne ausreichende medizinische Versorgung, ohne Arbeit und Brot und ohne Bildungsmöglichkeiten leben, wachsen Hoffnungslosigkeit und Gewaltbereitschaft. Immer wieder sind Selbstmordattentäter unterwegs, die israelische Menschen in den Tod reißen. So ist das Sicherheitsbedürfnis Israels gewachsen; die Angst vor terroristischen Anschlägen neurotisiert die Gesellschaft Israels.

In der palästinensischen Gesellschaft wächst der Fatalismus. Die Palästinenser fühlen sich als die großen Verlierer. Die großen arabischen Brüder kümmern sich nicht wirklich und nachhaltig um sie. Hamas hat die letzten Wahlen hoch gewonnen. Ministerpräsident Ismail Haniya stellt die Regierung, die zerbrochen ist. Präsident der Autonomiebehörde ist Mahmoud Abbas. Seine Partei, die Fatah, gilt vielen als korrupt.

Während unserer Reise hat der saudische König in Mekka die Parteien gedrängt; und es ist den Kontrahenten eine

Regierungsbildung gelungen. Auch scheint das Gespräch zwischen Ehud Olmert und Mahmoud Abbas zögernd in Gang zu kommen. Es hindert die Entwicklung, dass die westlichen Hilfsgelder nicht ausgezahlt werden. Die Beschwernisse der Palästinenser sind Zaun, Siedlungen und Checkpoints. Der Zaun hat zwar die Selbstmordattentäter zurückgehalten, andererseits aber die Gesellschaft so auseinandergemauert, dass sie die Leiden der jeweils anderen nicht mehr wahrnimmt und keine menschlichen Gesichter der Gegenseite mehr sieht.

Die Siedlungen, errichtet an strategischen Knotenpunkten, zerteilen z.B. die Westbank, die kein durchgehendes Land und dadurch keinen einheitlichen Wirtschaftsblock bilden kann. Auch hier kostet Israel die Sicherheit der Siedlungen Kraft und Soldaten und beschwert die Palästinenser. Die Checkpoints, die oft geschlossen sind, hindern Palästinenser, ihr Land zu bestellen, Krankenhäuser aufzusuchen, Arbeitsplätze zu erreichen. Oft ist die Behandlung entwürdigend.

Die Menschen in Israel und Palästina sind die Kämpfe leid. 80 Prozent wollen den Frieden, weil er unausweichlich ist. Das wissen die Politiker, aber sie haben nicht die Kraft zur Änderung, und so bleibt die Politik des Schlags und Gegenschlags, der Attacke und der Gegenattacke.

Der ehemalige Israelische Botschafter in Deutschland Avi Primor billigt die israelische Politik etwa im Gazastreifen, aber er bedauert, dass Israel nicht viel Kraft und Geld in die Entwicklung des Gazastreifens pumpt (27. Februar 2007). Wer Brot und Arbeit, Geld und Bildung hat, der verliert das Interesse an Terror und Gewalt, weil er Hoffnung und Zukunft sieht. Das wäre sein Weg, die Politik zu ändern und langsam Entwicklung einzuleiten und das Vertrauen in eine Friedenspolitik aufzubauen.

Amos Oz wirft Israels Regierung vor, das erste Gebot Gottes zu verletzen: Du sollst keine fremden Götter neben mir haben. Israels fremder Gott sei die Sicherheit. Der Sicherheit werde alles geopfert. Sicherheit werde mit militärischer Gewalt und Raketenangriffen gesichert. Aber je mehr solche Sicherheit zum Einsatz komme, um so unsicherer werde das Land.

Die arabischen Staaten haben sich lange nicht gekümmert, bis jetzt der saudische König den »Mekka-Accord« zustande gebracht hat. Das Nahost-Quartett aus den USA, der EU, der UNO und Russland hatte die »Road-Map« auf den Weg gebracht, aber der amerikanische Präsident George W. Bush setzt mehr auf Krieg gegen Irak und Afghanistan, macht »Achsen des Bösen« aus und möchte »Schurkenstaaten« wie Iran und Syrien ans Leder.

Deutschland und Kanzlerin Angela Merkel genießen hohes Ansehen bei Israelis und Palästinensern. Vielleicht bringt die EU-Präsidentschaft neuen Schwung in die verfahrene Situation.

Interessant ist, wie deutsche und israelische Botschafter über das Wachsen verlässlicher Beziehungen zwischen beiden Ländern berichten (Asher Ben Natan / Niels Hansen, Hrsg., Israel und Deutschland. Dorniger Weg zur Partnerschaft [1965-2005]). Avi Primor urteilt: »Die Beziehungen mit Israel haben die Deutschen der Bundesrepublik soweit entwickelt, dass diese nach den Vereinigten Staaten zum wichtigsten Freund und Partner in der Welt geworden sind« (ebd. 228). Auch sei Deutschland der Motor der europäischen Einigung.

Friede ist notwendig. Schon die demographische Entwicklung müsste Israelis zwingen, alles auf die Karte des Friedens zu setzen. Palästinenser haben Kinder in großer Zahl, Israelis kaum. Schon heute stehen 10 Millionen Araber 5 Millionen Israelis gegenüber.

Friede ist unvermeidbar, wenn beide Völker nur überleben wollen. Friede würde einen großen Entwicklungsschub bedeuten. Eine privilegierte Zusammenarbeit in Richtung auf so etwas wie die »Vereinigten Staaten des Vorderen Orient« würde eine bestimmende Macht im Orient bilden, der Israel und Palästina, Ägypten und Jordanien und später vielleicht Syrien und Libanon angeschlossen werden müssten. Israelische Wissenschaft und Technik könnten die Antriebsfeder für integrale Entwicklung der Region sein.

Dann wird der Traum des Propheten Jesaja Wirklichkeit, dass der Wolf beim Lamm wohnt und der Panther beim Böcklein liegt, dass Kalb und Löwe zusammen weiden und ein kleiner Junge sie hütet (vgl. Jes 11).

Aber hier greife ich sogar Avi Primor und anderen Friedensfreunden vor. Der Friedensgedanke braucht führende Persönlichkeiten, die mitreißen und vorantreiben: Wo sind sie? Vor allem fehlt es an gegenseitigem Vertrauen. Ignatz Bubis sagte kurz vor seinem Tod 1999: »Es braucht Vertrauen auf beiden Seiten. Das Schlimmste, was im Augenblick eine Rolle spielt, ist, dass keiner dem anderen traut. Und das wirft den Friedensprozess am stärksten zurück.«

Geistliche Pilgerfahrt und Situation der Christen im Heiligen Land

Am nächsten Morgen (27. Februar) ist Eucharistiefeier mit Joachim Kardinal Meisner, dem Präsidenten des Deutschen Vereins vom Heiligen Land, in der Brotvermehrungsbasilika zu Tabgha. Viele Gäste sind angereist aus Kirchen und Politik. Kardinal Meisner predigt über das tägliche Gebet: »Gebet ist keine verlorene Zeit. Im Gebet dehnt sich die Ewigkeit in die Zeit hinein. Im Gebet habe ich meine Zeit vor Gott und mit Gott. In der Zeit, in der ich bete, schenke ich Gott einen Brocken meines unwiederbringlichen Lebens. Größeres kann man eigentlich gar nicht verschenken.«

Nach der Eucharistie wird der Grundstein für ein neues Benediktinerkloster geweiht. Denn der Berg dringt in das alte Klostergebäude und hat schon für manche Risse gesorgt. Abt Benedikt Lindemann, Prior Jeremias und die Mönche werden diesen denkwürdigen Tag bei strahlend blauem Himmel nicht vergessen. Erzbischof Antonio Franco, Apostolischer Nuntius in Israel und Zypern, Apostolischer Delegat in Jerusalem und Palästina, steht zum Gespräch zur Verfügung.

Am Nachmittag steht der Besuch der heiligen Stätten am See auf dem Programm (Brotvermehrungskirche, Primatskapelle, Berg der Seligpreisungen, Kafarnaum). Da ich Schmerzen im Knie habe, besuche ich mit dem Bischof von Münster unsere Sisters, wo Kaffee und Kuchen warten, wo ich von meiner baldigen Reise zu den Mitschwestern auf den Philippinen erzähle.

Eine Meditation in Dalmanuta und die gemeinsame Vesper in der Brotvermehrungsbasilika beschließen den Tag. Die Konzentration der Tage auf das geistliche Leben war bereichernd. Karl Kardinal Lehmann hat es treffend festgehalten: »Es war für uns Bischöfe bereichernd, nicht nur als Einzelne, sondern auch gemeinsam unseren Glauben und unsere Aufgabe von den tiefsten Gründen her zu erneuern. An bedeutenden Wallfahrtsstätten haben wir die heilige Messe und das Stundengebet gefeiert. Wir kamen nicht nur mit den heiligen Stätten, den geschichtlichen Zeugnissen des Christentums in Berührung, sondern haben die heilbringende Gegenwart Gottes auch in unserer Zeit erfahren.«

Am 28. Februar feiern wir heilige Messe in der Primatskapelle mit Friedrich Kardinal Wetter, einem treuen Freund des Heiligen Landes. Es geht in Geist und Gemüt, wenn man hier vor der »Mensa Domini« sitzt und der Frage Jesu an Petrus nachgeht: »Liebst du mich?« und den Auftrag bedenkt: »Weide meine Lämmer, weide meine Schafe!« Gerade als Bischöfe trifft uns die Frage Jesu als an uns persönlich gerichtet, die Frage des Freundes, der unser »Herr und Gott« ist, die Frage auch nach der Verantwortung unserer Liebe.

Heute ist die Sitzung des Ständigen Rates angesetzt, aber ich hatte gedrängt, dass eine kleine Delegation den askenasischen Oberrabbiner von Israel, Jona Mezger, besuchen sollte. Mit Hilfe meines Neffen Bernd, der die Journalisten während unserer Reise betreut, und den Freunden von Sant'Egidio in Rom ist der Besuch bald vereinbart. Den Oberrabbiner und Direktor Rabbi Dr. Wiener kenne ich schon länger von den Friedensgebeten der Comunità di Sant'Egidio her.

Joseph bringt uns, die Bischöfe von Regensburg (Ökumenekommission), von Fulda und Aachen (Unterkommission für die religiösen Beziehungen zum Judentum), nach Jerusalem. In Jericho blicken wir auf das Kloster am Berg der Verklärung, zu dem eine kleine Bergbahn fährt, und essen in einem Gartenrestaurant. Der Oberrabbiner begrüßt uns: »Willkommen in unserem gemeinsamen Heiligen Land!« Er lobt die Päpste Johannes Paul II. und Benedikt XVI. und erinnert an seine Begegnungen mit ihnen. Johannes Paul habe ihn einmal scherzhaft »my big brother« genannt.

Wir freuen uns über die guten und verlässlichen Beziehungen zwischen Judentum und katholischer Kirche, die der Besuch des neuen Papstes in der Kölner Synagoge (2005), im Konzentrationslager Auschwitz-Birkenau (2006) sowie das Treffen von Kapstadt mit Kardinal Kaspar (2006) vertieften. Wir berichten über das bevorstehende zweite Treffen mit den deutschen Rabbinern.

Abends findet in Tabgha das Gespräch mit den drei galiläischen Bischöfen statt, die uns die Situation der Christen in Israel erläutern.

Abuna Elias Chacour ist Erzbischof der Melkitisch-Griechisch-Katholischen Kirche in Galiläa. Er hat in

St. Sulpice, Paris, studiert, absolvierte ein Thora- und Talmudstudium zusammen mit Studien der syrischen und aramäischen Sprache und promovierte als erster Araber an der Hebräischen Universität zu Jerusalem. Im Frühjahr 2006 wurde er zum Erzbischof von Akko, Haifa, Nazareth und ganz Galiläa ernannt und geweiht. Er ist Oberhaupt von 70 000 griechisch-katholischen Christen und gilt als Leitfigur im christlich-jüdischen-muslimischen Trialog. 2003 konnte er sein Schulwerk erweitern und die erste arabisch-christlich-israelische Mar-Elias-Universität in Ibillin errichten. Bekannt durch die Friedensgebete, stehen wir schon lange in lebendigem Austausch.

Paul Nabil Sayah ist der Erzbischof der Maroniten von Haifa und dem Heiligen Land (seit 1996) und Exarch von Antiochien und Patriarchalvikar in Jerusalem, Jordanien und Palästina. Vor sechs Jahren hat er ein Begegnungs- und Austauschprogramm für israelische und palästinensische Jugendliche, für Juden, Muslime und Christen initiiert.

Giacinto Boulos-Marcuzzo, ein Italiener, wurde 1993 zum Titularbischof von Emmaus und zum Weihbischof des Lateinischen Patriarchen in Nazareth geweiht.

Im Heiligen Land leben nur wenige Christen. In Israel bilden sie 2,09 Prozent der Bevölkerung. 93 000 sind katholische Christen verschiedener Riten. Orthodoxe Christen gibt es 66 000, evangelische Christen 7000. Muslime gibt es 3,6 Millionen in den besetzten Gebieten und 1,14 Millionen in Israel, insgesamt also 4,74 Millionen. Juden sind 5,3 Millionen in Israel und 2000 in den besetzten Gebieten. Drusen gibt es 272 000.

Die Geburtenrate liegt bei Muslimen bei 4,4 Prozent, bei Juden 3,5 Prozent, bei Christen 1,8 Prozent. Die Zahl der Christen steigt leicht. Aber es gibt Abwanderungsprobleme, da es kaum berufliche Chancen für Christen gibt. Als Araber werden die Christen den gleichen Behinderungen im freizügigen Verkehr unterworfen wie die Muslime. Die Muslime verdrängen sie. Ein besonderes Problem ist die Familientrennung. Reisegenehmigung, Arbeitsbedingungen, Diskriminierung durch die Autonomiebehörde, Konflikte mit anderen Religionsgruppen sind an der Tagesordnung.

Taybeh ist das einzige christliche Dorf in der Westbank. Am 3. 9. 2005 wurde das Dorf durch Muslime angegriffen. Grund war eine Partnerschaft zwischen einem christlichen Mann und einer muslimischen Frau, die schwanger wurde.

Sie wurde von ihrer Familie getötet, er sollte durch den Angriff bestraft werden. Der israelische Checkpoint hielt die palästinensische Polizei drei Stunden auf, sodass der Polizeieinsatz zu spät war. Der lateinische Pfarrer Raed Abu Sahlia aus Taybeh handelte mit dem muslimischen Dorf Deir Jarir ein Friedensabkommen aus.

Besonders schwierig ist die Lage in Ost-Jerusalem und im Gazastreifen. Bedeutend sind die christlichen Schulen und Bildungseinrichtungen sowie karitative Einrichtungen für Behinderte, Alte und Kranke. Sozialversicherungen in Israel für Muslime und Christen gibt es entweder nicht oder sie sind minimal.

Der Vorsitzende unserer Bischofskonferenz sagte: »Unsere Solidarität gegenüber Mitchristen, die ihren Glauben in schwieriger Lage leben müssen, muss mehr als selbstverständlich sein. Darüber hinaus bestimmt uns ein Anliegen, das wir mit den Christen in aller Welt teilen: Im Heimatland Jesu und an den Geburtsstätten der Kirche dürfen nicht nur die altehrwürdigen Stätten, sondern müssen ebenso lebendige Gemeinden von der Geschichte der Erlösung und vom Glauben an Jesus Christus zeugen. Das Heilige Land darf nicht zum Museum des Christentums werden.«

Besuch heiliger Stätten und christlicher Institutionen

Am 1. März besuchen wir Nazareth und feiern in der Verkündigungsgrotte mit Georg Kardinal Sterzinsky die heilige Messe. Während die bayerischen Bischöfe den Grundstein für ein Seelsorgezentrum aus Spenden vom Papstbesuch legen, besuchen wir übrigen Bischöfe die Schule der Salvatorianerinnen in Nazareth-Ilit, die 1500 Schülerinnen und Schüler hat, zu 80 Prozent Christen.

Die Kinder aus Kindergarten und Grundschule begrüßen uns mit lautem Hallo. Vom 4. bis zum 18. Lebensjahr besuchen sie die Schule und müssen drei unterschiedliche Sprachen und Schriften lernen: arabisch, ivrit und englisch. In der Grundschule beginnt man schon mit Computern. 90 Prozent der Absolventen beginnen mit einem akademischen Studium.

Schwester Klara sorgt für die Entwicklung der Schule, während der arabische Direktor Chairman aller Schulen in Galiläa ist.

Wir besuchen am nächsten Tag auch die Schmidt-Girls-School in Jerusalem, die Herr Kircher leitet, früherer Mitarbeiter im Sekretariat der Deutschen Bischofskonferenz. Diese Schule ist zu 80 Prozent von muslimischen Schülerinnen besucht.

Es war eine Pioniertat, als die Ordensfrauen vor 100 Jahren in dieser männlich bestimmten arabischen Gesellschaft eine Mädchenschule gründeten, um Frauenbildung und -emanzipation voranzubringen. Hier wird zu Toleranz und gegenseitiger Achtung erzogen. Freitag und Sonntag sind schulfrei. Die Lehrerin Frau Greiser hat die Schule bekannt gemacht durch ihren Roman »Jefra heißt Palästina«, der das Schicksal eines Mädchens der Schule schildert.

Am 1. März wird eine Delegation – bestehend aus den vier Kardinälen und den Bischöfen für weltkirchliche Aufgaben und Justitia et Pax – vom Stellvertretenden Ministerpräsidenten Shimon Peres empfangen. Kardinal Lehmann spricht das 1993 ausgehandelte, aber nicht ratifizierte »Fundamental Agreement« zwischen Israel und dem Vatikan an, dessen Folgeverträge über die Rechtsstellung und Steuerbefreiung kirchlicher Einrichtungen israelischerseits nunmehr seit 14 Jahren verschleppt werden. Shimon Peres verspricht, sich für die Beschleunigung der Vertragsabschlüsse einzusetzen.

Den Abend beschließt ein Treffen mit Vertretern kirchlicher Einrichtungen, Ordensgemeinschaften, der Deutschen Botschaft, der Ständigen Vertretung in Ramallah und der politischen Stiftungen.

Höhepunkt der Reise: Anastasis und Yad Vashem

Der 2. März ist ein Höhepunkt der Reise. Wir beginnen mit der Eucharistiefeier in der Anastasis, der Grabeskirche. Vor dem Heiligen Grab legen wir unsere Stolen ab, weil wir zu dieser Zeit dort keine liturgische Handlung vollziehen dürfen. Wir beten: »Deinen Tod, o Herr, verkünden wir und deine Auferstehung preisen wir, bis du kommst in Herrlichkeit.«

Wir fahren zur Holocaust-Gedenkstätte Yad Vashem. Der Besuch des neuen Holocaust-Museums macht still und betroffen. Die Architektur ist beeindruckend. Wie eine Ackerfurche durchzieht das Museum den Berg; von oben fällt Licht ein. Und sie endet mit dem Ausblick auf

Erez Jisrael, auf das grüne Land, das Leben und Hoffnung verheißt.

Links und rechts von der »Furche« sind die Ausstellungsräume, die das Grauen der Vernichtung der Judenheit Europas drastisch vor Augen führen. Plastisch dargestellt, minutiös dokumentiert und konserviert, geben Millionen Namen das Ausmaß und die Grausamkeit des NS-Vernichtungswillens an.

In der Gedenkhalle für die Millionen Opfer des Holocaust legt Kardinal Lehmann einen Kranz nieder mit Schleifen in den Farben des Vatikan und der Bundesrepublik Deutschland.

Er sagt: »Wir haben uns in Yad Vashem versammelt, um uns vor den Opfern jener Verbrechen gegen Gott und die Menschen zu verneigen, die – mit einem Wort des Heiligen Vaters – ohne Parallele in der Geschichte sind. Wir gedenken der Ermordung von sechs Millionen Juden, die in der Zeit des Nationalsozialismus von Deutschen und im deutschen Namen ermordet wurden ... Auch die Kirche muss sich einer schmerzhaften Gewissenserforschung stellen, die auch heute nicht beendet sein kann. Wir fragen uns, ob wir als Kirche in den Zeiten der Verfolgung unserer jüdischen Mitbürger auch hellhörig genug waren für die Stimmen der Verzweifelten und die Stimmen aus den Gräbern.«

Und er schreibt den wichtigsten Satz seiner Ansprache auch ins Gästebuch: »Niemand kann frei sein, der frei sein will vom Gedenken an die Shoa.« Die Präsenz der israelischen Medien beobachtet uns mit gesammelter Aufmerksamkeit.

Wir besuchen die Halle der ermordeten Kinder, wo unter abgedunkeltem blauem Sternenhimmel die zahllosen Namen der Ermordeten verlesen werden.

Wir besuchen die »Allee der Gerechten«, wo der Name von Joseph Kardinal Höffner und der seiner Schwester Helene verzeichnet ist, weil sie ein jüdisches Mädchen, Ester Sarah Meyerowitz, und eine jüdische Frau, Dr. Edith Nowak, gerettet haben. Ich hatte die Ehre, diese Rettungstat Kardinal Höffners im Freiburger Rundbrief (NF 3 2002>, 162-165) veröffentlicht und damit den Anstoß zu dieser Ehrung gegeben zu haben.

Am Spätnachmittag fahren wir nach Ramallah zum Regie-
rungssitz der Palästinensischen Autonomiebehörde. Wir
sehen Straßensperren und Kontrollpunkte. Wir wollen in
der katholischen Kirche die Vesper singen, aber es geht
nicht. Es ist Herz-Jesu-Freitag, und in einer vollen Kirche
beten Menschen vor dem ausgesetzten Allerheiligsten. (In
einem Nebenraum hält Bischof Lettmann eine Meditation
über das Mitfühlen Jesu, über seine Barmherzigkeit und
Sensibilität gegenüber der Not der Menschen.)

Wir kommen zum scharf bewachten Regierungspalast
von Mahmoud Abbas, der Mukata. Ganz aufgeräumt sieht
der Platz aus, anders als zu Arafats Zeiten. Präsident Abbas
ist eigens von Gaza herübergekommen, wo er um eine
gemeinsame Regierungsbildung von Hamas und Fatah
bemüht ist. Er lässt wissen, wie sehr er das Bemühen der
Kanzlerin Merkel und Deutschlands schätzt.

Kardinal Lehmann antwortet, dass Terror und Waffen
nicht das letzte Wort haben dürfen in der Region:
»Alle Menschen in der Region haben Anspruch darauf,
in Sicherheit und Würde zu leben. Israel braucht die
Gewissheit, vor Terror bewahrt zu sein und in seiner staatlichen Existenz von keinem (uns) näheren oder ferneren
Nachbarn in Frage gestellt zu werden. Ebenso hat das
palästinensische Volk das Recht auf einen eigenen Staat,
dessen Gebiete nicht willkürlich zerschnitten sind und
der als wirtschaftliche und soziale Einheit lebensfähig ist.
Die deutschen Bischöfe sind nicht als politische Vermittler
ins Heilige Land gekommen, das ist die Aufgabe anderer,
deren ernstes Bemühen – etwa auf der Ebene des Nahost-
Quartetts – wir mit unserem Gebet begleiten und mit
vielfältigen kirchlichen Initiativen zu Hause und auch hier
im Lande sehr unterstützen. Jede Lösung muss den freien
Zugang der Gläubigen aller Religionen zu ihren heiligen
Stätten garantieren.«

Am 3. März geht die Fahrt nach Bethlehem. Wir beten
in der Geburtsgrotte, wo der silberne Stern auf unseren
Herrn hinweist: »Hic Jesus Christus natus est.« Wir feiern Eucharistie in der Katharinenkirche und tragen uns
geschenkte Stolen mit den Jerusalemkreuzen, die an die
fünf Wundmale Christi erinnern.

Wir besuchen die Bethlehem University. 1973 haben
die amerikanischen Brüder von den christlichen Schulen

23

diese Universität gegründet. Sie hat 2600 Studierende, von denen nur 400 Christen sind. Es gibt einen regen christlich-islamischen Dialog. Seit der Gründung hat es 9000 Abschlüsse gegeben, und vielen jungen Menschen wurde eine berufliche Möglichkeit eröffnet.

Hinter der Mauer und den Checkpoints ist die Bewegungsfreiheit in extremer Weise eingeschränkt. Dazu kommt, dass die finanzielle und materielle Situation vieler Studierender sehr schwierig ist. Die Universität wird von deutschen kirchlichen Institutionen unterstützt: Misereor, Deutscher Verein vom Heiligen Land, deutsche Caritas International, die Ritter vom Heiligen Grab zu Jerusalem. Erzbischof-Koadjutor Fouad Twal begrüßt uns als Magnus Cancellarius der Universität. Die Universität hat folgende Abteilungen:

> Institut of Hotel Management & Tourism,
> Arts Faculty (Humanities, English, Arabic,
> Religious Studies, Social Sciences),
> Science Faculty (Mathematics, Biology,
> Chemistry, Physics),
> Faculty of Business Administration (and
> Accounting),
> Faculty of Education,
> Faculty of Nursing and Health.

Hinzu kommen Kooperationen mit amerikanischen und deutschen Universitäten, z.B. der Katholischen Fachhochschule Nordrhein-Westfalen in Köln und Studienaustauschprogramme.

Ein besonderes Beispiel christlicher Präsenz ist das Caritas-Baby-Hospital in Bethlehem, das Pater Ernst Schnydrig 1952 gründete. Es ist das einzige Kinderkrankenhaus der Westbank. Dramatisch sind die Berichte, dass kranke Kinder an den Sperren nicht durchgelassen wurden und deswegen sterben mussten. Die vielen unterernährten, rachitischen und an Mangelkrankheiten leidenden Kinder sind für mich immer tief bewegend, wenn ich aus der Geburtsgrotte mit dem Gedenken an die Geburt Jesu komme und in die dunklen Augen der kranken Kinder schaue.

Wir fahren zum Emmanuelkloster, dessen Schwestern die Stolen gearbeitet haben, die uns geschenkt wurden. Jeden Donnerstag beten sie demonstrativ an der Mauer. Sie leben an der Mauer, Schutzwall seitens der Israelis, Trennwand seitens der Palästinenser. »Peace to those who come«, lesen wir wie irritiert vor dem Durchgang. Bethlehem, einst eine mehrheitlich christliche Stadt, hat heute noch 20 Prozent Christen.

Bethlehem, eingemauert und verriegelt, wo Gott in der Geburt seines Sohnes eine Öffnung machte zur Welt und seine neue Heilsinitiative für alle Menschen begann. »God will destroy the wall«, hat jemand auf die Wand gesprüht.

Yad Vashem und Holocaust-Museum, Ramallah und eingemauertes Bethlehem: aus dieser Betroffenheit entfällt einem Bischof das Wort vom Warschauer Ghetto, ein schlimmer Vergleich, der gegenüber Juden nicht sein darf, schon gar nicht von einem deutschen Bischof; aber spontan aus der Betroffenheit gesagt, gibt er nicht die Meinung der Konferenz wieder und ebenfalls nicht die wirkliche Meinung des Bischofs.

Der Israelische Botschafter in Deutschland Shimon Stein reagiert »mit Entsetzen und Empörung«: »Wenn man Begriffe wie ›Warschauer Ghetto‹ oder ›Rassismus‹ im Zusammenhang mit der israelischen bzw. palästinensischen Politik gebraucht, dann hat man alles vergessen oder nichts gelernt oder moralisch versagt.« Ich halte diese Reaktion so für überzogen, und insgesamt ist die Reaktion besonders auch in Israel viel milder. Dennoch bleibt es eine schlimme Äußerung.

Abschied

Nun ist es Zeit für eine Begegnung mit dem Lateinischen Patriarchen von Jerusalem, Michael Sabbah, dem ersten Araber auf dem Patriarchenstuhl, geboren in Nazareth. »Kann denn aus Nazareth etwas Gutes kommen?« (Joh 1, 46) Er ist Führer für 60 000 lateinische Christen in Israel und den Palästinensergebieten, in Jordanien und auf Zypern.

»Wir sind uns der Berufung der Kirche von Jerusalem, eine christliche Gegenwart in der muslimisch-arabischen oder der jüdisch-israelischen Gesellschaft zu sein, wohl bewusst. Wir glauben, dass wir aufgerufen sind, Sauerteig zu sein und beizutragen zu einer positiven Lösung der Krisen, die wir durchmachen. Wir sind eine Stimme aus unseren Gesellschaften heraus, deren Geschichte, Sprache und Kultur wir teilen. Wir versuchen, eine Gegenwart zu sein, die die Versöhnung fördert und allen Völkern hilft, zu einem Dialog zu gelangen, der Verständnis fördert, der letztlich zum Frieden in diesem Land führen wird. Wenn es keine Hoffnung für die Armen gibt, dann wird es für niemanden Hoffnung geben, nicht einmal für die sogenannten Reichen. An diesen Feiertagen wollen wir zu Christus, dem Messias, dem Friedensfürsten beten, dass er jeden von uns zum Friedensbringer macht, der jenen Frieden lebt und weitergibt, der von den Engeln in den Himmeln unseres Landes besungen wurde.« (Weihnachtsbotschaft des Patriarchen vom 3. 12. 2003)

In der Osterbotschaft 2007 sagte der Patriarch unter anderem: »Jesus sagt: Ich bin die Auferstehung und das Leben. Wer an mich glaubt, wird leben, auch wenn er stirbt (Joh 11, 25).

Dies ist auch unser Glaube, wenngleich wir im Herzen des Heiligen Landes mit einer vom Tod geprägten Realität konfrontiert sind, Tod, der sich ausdrückt in Hass, Angst, Ungleichgewicht in den Beziehungen zwischen Personen und auf Ebene der Regierenden. Unser Land ist zugleich ein Land der Auferstehung und des Todes, aber seine Berufung und wesentliche Mission ist es, Land der Liebe und des Lebens zu sein, Leben in Fülle für alle seine Bewohner aller Religionen. Dies setzt voraus, dass jeder Gläubige jeder Religion die Konsequenzen seines Glaubens an Gott zieht, nämlich, dass wir alle Geschöpfe Gottes sind, seiner Hände Werk, und dass an Gott glauben auch bedeutet, alle Kinder Gottes anzunehmen. Jeder nimmt jeden an, jeder respektiert jeden, niemand übt einem anderen gegenüber Gewalt aus; es gibt weder Stärkere noch Schwächere, weder Besatzung noch Mauern noch Militärkontrollposten, weder Angst noch Gewalt. (Nr. 3)

Dieses Jahr schauen wir zurück auf 40 Jahre großen Ungleichgewichtes in unserem Heiligen Land und alle daraus folgenden Konsequenzen für unsere Region und die ganze Welt. Werden unsere Regierenden und die internationale Staatengemeinschaft diesem Ungleichgewicht endlich ein Ende schaffen? An sich ist die Sache einfach: zwei Völker sind im Krieg gegeneinander und man besetzt das Haus des anderen. Die Lösung wäre einfach, dass jeder sein eigenes Haus bewohnt, die Israelis und die Palästinenser.

Tatsächlich hat die Angst vieles erschwert: die Palästinenser schätzt man als Terroristen ein oder zumindest als unfähig, die Sicherheit zu gewährleisten. Dazu kommen verschiedene weltweite Phänomene, direkte oder indirekte Konsequenzen des Ungleichgewichts im Heiligen Land, die eine große Angst geschürt haben und an sich einfache Dinge noch schwieriger erscheinen lassen.

Trotz all dem bleibt klar: Solange das Haus des anderen besetzt ist, bleibt auch das Ungleichgewicht bestehen. Und solange dieses Ungleichgewicht im Heiligen Land bestehen bleibt, werden auch die Region und die Welt darunter leiden. Damit ein Heilungsprozess unseres Landes, dieser Region und der Welt beginnen kann, muss man das Risiko des Friedens eingehen und die Besatzung beenden (jeder lebt bei sich zu Hause). (Nr. 4)

Unser Land ist zugleich ein Land der Auferstehung und des Todes, aber seine Berufung und wesentliche Mission ist es, Land der Liebe und des Lebens zu sein, Leben in Fülle für alle seine Bewohner aller Religionen und aller Nationalitäten. Dies erbitten wir von Gott. Durch die Gnade der Auferstehung bitten wir ihn für alle Menschen um das Geschenk des Lebens in Fülle, des Friedens und des Segens. (Nr. 5) Christus ist auferstanden. Ja, er ist wahrhaft auferstanden.« Soweit Sabbah.

Nach der Vesper in der Patriarchatskirche gibt es einen Empfang mit den Repräsentanten der Ortskirchen im Notre Dame-Center, der nicht gut vorbereitet und entsprechend repräsentiert war.

Der Tag des Abschieds ist gekommen. Am Sonntag, dem 4. März, feiern wir das Pontifikalamt mit Karl Kardinal Lehmann in Dormition Abbey. Seit 100 Jahren hüten deutsche Benediktiner das Heiligtum nahe dem Abendmahlssaal, an die Gründung der Kirche und den Tod Mariens erinnernd.

Abt Benedikt Lindemann OSB und die Mönche sowie die versammelte Gemeinschaft freuen sich über die breite Repräsentanz deutscher Bischöfe, wie sie nie zuvor gesehen wurde. Sogar der Alt-Erzbischof von Mailand, Carlo Maria Kardinal Martini, ist gekommen. Auch unsere Aachener und Münsteraner Propädeutiker sind dabei. Mir kommt der Preisgesang der Abtei in den Sinn:

»Lobe, Jerusalem, den Herrn.
Singe, Zion, deinem Heiland.
Stimme Dank und Jubel an.«

Nach dem Mittagessen im Paulus-Haus nehmen wir Abschied von Jerusalem und fahren – an Abu Gosh und Latroun vorbei, an kargen Hügeln, grünen Bäumen und abgeschossenen Trucks und Panzern – zum Flughafen

Ben Gurion, wo die Maschine 16.30 Uhr abhebt und uns nach Frankfurt bringt, wo wir 19.55 Uhr landen.

Kardinal Lehmann resümierte: »Viele Eindrücke dieser Tage werden sich erst mit etwas Abstand richtig setzen und verarbeitet werden. Es gehört zur Grundstruktur unseres Glaubens, Hoffnung gegen alle Hoffnung zu bewahren. Anlass dazu bietet ganz sicher auch das mutige Zeugnis der Christen im Heiligen Land.«

Am Abschiedstag: das Purimfest

Heute, einen Monat vor Pessach, wird das Purimfest gefeiert, eine Art jüdischer Karneval. Am Vorabend und am Morgen wird die ganze Megiloth Ester in der Synagoge gelesen, die von der Rettung der Juden durch die schöne Königin Ester und von dem schrecklichen Ende erzählt, das der Judenfeind Haman am Galgen erfährt, der den Judenpogrom im ganzen Reich der Meder und Perser geplant hatte.

Jedesmal, wenn in der Synagoge der Name Haman vorkommt, wird mit den Füßen gescharrt oder sonst Geräusche gemacht; die Kinder haben eine »Knarre«, den »Hamandreher«, der unseren Karfreitagsratschen ähnlich ist. Es kann toll zugehen in den Synagogen, besonders in osteuropäischen und orientalischen Gemeinden.

Man packt Festgaben für Freunde und Arme, man nimmt an Maskeraden und den dramatischen Veranstaltungen der »Purimspiele« teil. Man hält Festmähler und trinkt ausgiebig, wie der im 4. Jahrhundert in Babylonien lebende Meister Rabha erklärte: »Man muss noch am Purimfest so trinken, dass man den Unterschied nicht mehr kennt zwischen ›Verflucht sei Haman!‹ und ›Gesegnet sei Mordechai!‹.« Schließlich gibt es die sogenannten »Hamantaschen«, Teigtaschen mit Mohnsamen.

Man kann arbeiten, Geschäfte treiben oder auch nichts tun. Die existentielle Bedeutung dieses Festes scheint wichtiger als seine historische Einordnung und religiöse Dignität. »In der eschatologischen Zukunft werden alle Feiertage abgeschafft werden bis auf das Purimfest, das nie abgeschafft werden wird«, heißt es in einer rabbinischen Quelle. Die überschäumende Freude und Feierlust leben von dem glücklichen Ausgang eines vereitelten Pogroms.

Das Esterbuch spielt in der Zeit des Königs Achaschwerosch oder Artaxerxes, den man mit dem Perserkönig Xerxes I. (486-465 v. Chr.) identifiziert. Die alten Rabbinen hatten ihre Schwierigkeiten mit diesem säkularen Buch, dessen hebräischer Text nicht einmal das Wort Gott enthält, wie man in evangelischen Übersetzungen liest, während katholische Ausgaben den Septuagintatext bieten, der Gebete der Ester und des Mordechai enthält. So kam die Rolle erst spät in den hebräischen Kanon.

Das Esterbuch erzählt wunderbar spannend von Fest und Intrigen, von Verstoßung und Liebe, von Schönheit und Pracht. Festlich geht es zu, als der König der Meder und Perser, der über 127 Provinzen von Indien bis Äthiopien regiert, für die Großen seines Reiches in der Residenzstadt Susa (Schuschan) ein Fest gibt.

Als der König am siebten Tag vom Wein guter Dinge war, ließ er die Königin Vashti rufen. Sie weigerte sich und wurde verstoßen. Daraufhin holte man die schönsten Jungfrauen aus allen Ländern, ließ sie pflegen und führte sie dem König zu. Darunter war auch ein jüdisches Waisenkind, die Adoptivtochter Mordechais, Hadassa oder auch Ester genannt. Sie verschwieg auf den Rat Mordechais ihre jüdische Herkunft. Sie war so schön, dass der König sich in sie verliebte und sie zur Königin machte.

Nebukadnezar hatte einst (586 v. Chr.) die jüdische Oberschicht in die Babylonische Gefangenschaft geführt. Der Gründer des Reiches der Meder und Perser, Kyros, wird als von Gott erwähltes Werkzeug und Gesalbter (Jes 45, 1) gepriesen. Er verkündet die Befreiung Israels: »Der Gott des Himmels ... hat mir befohlen, ihm ein Haus zu Jerusalem in Juda zu bauen. Wer unter euch von seinem Volk ist ..., er ziehe hinauf nach Jerusalem in Juda ...« (Esra 1, 2 f.). So bauten Esra und Nehemia 516 v. Chr. den zweiten Tempel. Aber nur Einzelne zogen heim. Viele Juden hatten sich in der Fremde eingerichtet.

Auch in der Esterrolle sehen wir, dass die Juden mit den Fremden handeln, die Feste mitfeiern, ohne die Kaschrut-Vorschriften zu halten, und die Fremden heiraten; so gelangt Ester in den Harem des Königs und verschweigt ihre jüdische Herkunft.

Selbst Mordechai »saß im Tor des Königs« (Est 2, 5. 19) und seine Weigerung, Haman zu ehren, kann auch persönlicher Zwist sein. Erst als das Verhängnis eines Pogroms sichtbar wird, besinnt sich Mordechai seines Judentums:

Er fastet und kleidet sich als Jude, und auch Ester bekennt sich zu ihrem Volk und ihrer Religion.

Im Esterbuch geht die Geschichte so weiter: Inzwischen war Haman zum Wesir, zum zweiten Mann im Königreich aufgestiegen. Ihm wurde hinterbracht, dass Mordechai sich nicht vor ihm verbeugte, wie es der königliche Befehl wollte, weil er als Jude nicht einen Menschen auf diese Weise ehren wollte.

Haman erreichte einen Erlass des Königs, wonach alle Juden des Reiches am 14. Adar getötet werden sollten. Mordechai beschwor seine Adoptivtochter, etwas zur Rettung ihres Volkes zu tun. »Denke nicht«, so mahnt er, »dass du allein von allen Juden Rettung finden werdest, weil du am Königshof bist. Denn wenn du auch wirklich in solcher Zeit stille schweigen solltest, so wird den Juden Befreiung und Errettung von einer anderen Seite erstehen. Du aber und deine Familie werden umkommen. Und wer weiß, ob du nicht gerade um einer solchen Gelegenheit willen zum Königtum gelangt bist?« (Est 4, f.)

Die gesamte Judenheit des Landes fastet und betet um Rettung. Schön, klug und taktisch versiert, geht die Königin ungebeten zum König, findet Gnade, gibt ein Fest, deckt Hamans Machenschaften auf und offenbart ihre jüdische Herkunft. Der König ist erzürnt und entsetzt. Haman wird an dem Galgen erhängt, den er für Mordechai errichtet hatte.

Das Problem war nun, dass ein einmal ergangener Erlass des Königs der Meder und Perser selbst vom König nicht widerrufen werden kann. Mordechai erreicht einen neuen Erlass, in dem den Juden das Selbstverteidigungsrecht zugesprochen wird. Dies ist vielleicht das politisch Ertragreichste im Esterbuch, dass das Recht auf Selbstverteidigung in Pogromen festgeschrieben wird. Das Purimfest ist bis heute ein Fest der Freude über die Errettung vor dem Pogrom, das mit Essen und Trinken und Geschenken begangen wird, zum Gedächtnis für alle Zeit.

Ich möchte schließen mit einem Wort aus dem Hymnus zur Lesehore der Fastenzeit, wo es von der österlichen Bußzeit, aber vielleicht diesmal noch intensiver von der Pilgerfahrt der deutschen Bischöfe ins Heilige Land heißt:

»Die Erde zu heilen, schuf Gott diese Tage.«

>>
**Jerusalem,
Stadt des Gebets,
Stadt des Dialogs,
Stadt der Liebe,
aber auch der Konflikte**

Kardinal Carlo M. Martini

Pilgerreise
ins Heilige Land
21. Juli bis 4. August 2007
mit Anmerkungen
zu den Aachener Heiligtümern

Wieder ruft das Heilige Land. Am 21. 7. 2007 starten wir von St. Trudpert im Münstertal aus. Schwester Benedicta bringt uns zum Zug nach Freiburg. So erreichen wir Frankfurt-Flughafen. Nach den Formalitäten erhebt sich die Lufthansa-Maschine um 10.00 Uhr, fliegt über München, Wien, den Balkan und landet auf dem modernisierten Flughafen von Tel Aviv.

Pater Elias holt uns ab und fährt auf der neuen Trasse an Latroun und Abu Gosh vorbei in die Heilige Stadt nach Dormition Abbey, wo wir in Beth Joseph Quartier machen. Es ist Shabbat und daher wenig Verkehr.

Bei der Vesper fühlen wir uns zu Hause: »Ehre sei dem Vater und dem Sohn und dem Heiligen Geist, dem einen Gott von Ewigkeit zu Ewigkeit. Amen.«

So tönt der trinitarische Gebetsruf durch diese Tage. Hier in Jerusalem betont er die Einheit und Einzigkeit Gottes und verbindet sich besser mit den jüdischen und musli-mischen Gottesvorstellungen. Die Regensburger Vorlesung von Papst Benedikt XVI. (12. 9. 2006) hat deutlich gemacht, wie dringlich das theologische Gespräch ist, um die unauf-gebbare Einheit Gottes klar zu betonen und um christlich die Gemeinschaft, den Austausch und die Liebe der drei Personen in der hypostatischen Union zu bezeugen.

Gott ist kein monistisches Wirklichkeitsklötzchen, sondern in sich, dem einen göttlichen Wesen, personale Beziehung, Gemeinschaft und Liebe. Als Christen müssten wir unser Gottesbild stärker profilieren und überzeugen-der leben.

I. Jerusalem, du meine höchste Freude

Unser viertägiger Jerusalembesuch erhält spontan zwei Akzente: das frühchristliche Mönchsleben und das gegen-wärtige sozial-karitative und monastische Ordensleben.

Erfahrungen mit dem frühpalästinensischen Mönchtum

(23. 7.) Ein Bekannter, erfahren im Umgang mit dem Orient, arbeitet als Ingenieur, Architekt und Agent für christliche Anliegen im Heiligen Land. Er hatte schon die russisch-orthodoxe Maria-Magdalena-Kirche auf dem Ölberg restau-riert. Jetzt hat er den Auftrag, die Himmelfahrtskirche zu

erneuern, die einst Kaiserin Helena erbauen ließ und deren Ausmalungen des 17. Jahrhunderts stark gelitten haben.

Wir klettern bis in die Kuppel, wo Claudia und Jonas, deutsche Restauratoren, in der Hitze die verblichenen Wände von Dreck und Öllampenrückständen reinigen. Man sieht die Risse, die Erdbeben, besonders das große von 1927, hinterlassen haben. Aber es ist eine wichtige christliche Stätte, die Mitte des russisch-orthodoxen Jerusalem. Schwester Petronia versorgt die Öllampen mit Öl und die Restauratoren mit Wasser, Essen und Leckereien. Wegen ihrer ersten Aufgabe wird sie auch Schwester Petrolia genannt.

Wir steigen den »Russenturm« hinauf, für den eine Aachener Firma die Eisenleiter eingebaut hat. Von oben hat man einen herrlichen Panoramablick über Stadt und Wüste. 77 Klöster mit Einsiedeleien soll es auf dem Ölberg einst gegeben haben. So hingebungsvoll lebten Menschen das geistliche Leben in der Nähe von Leiden, Tod und Auferstehung des Herrn.

Wir kommen zu einem alten Herrenhaus, in dem wir Reste eines ausdrucksstarken Mosaiks aus dem 5. Jahrhundert sehen. Wir finden Ente und Hahn, Fische sowie Früchte und Rankenwerk in unterschiedlichen, abgestuften Farben, gelegt mit kleinen, feinen Steinen, die eine neue Art der Mosaikkunst darstellen. Hier hat einst der armenische Gouverneur Artaban (5. Jahrhundert) gelebt. Er, selbst königlichen Geblüts, fiel in Ungnade beim Hof, konnte aber Statthalter bleiben und wurde Christ. Die Entdeckung war, dass unter dem Bereich des Mosaiks sich etwa 30 Gräber fanden. Man wusste, dass die Mutter des Artaban, Susanna, hier irgendwo begraben lag. Wir steigen in die Unterwelt hinab, etwas abenteuerlich, und sehen loculi (Gräber) mit gemalten (lateinischen) Kreuzen an den Grabwänden.

Wir besuchen eine weitere Kapelle, die mit Mosaiken ausgelegt ist, die Vögel, Fische und Landtiere zeigen. Hier erinnert eine Ausbuchtung im Mosaikboden die Stelle, an der einst das Haupt Johannes des Täufers in einem irdenen Gefäß gefunden wurde.

Herodias – so wird erzählt – lehnte die Bitte der Johannesjünger ab und hielt das Haupt Johannes des Täufers im Palast der Burg Machärus versteckt aus Angst, wenn das Haupt des Täufers mit dessen Gebeinen zusammenkomme, werde der Vorläufer des Herrn auferstehen. Johanna, eine Magd, fand eines Tages das Haupt im Palast und brachte es zum Ölberg nach Jerusalem, wo es bei der Kirche des Artaban begraben wurde.

Die zweite Entdeckung erfolgte im 5. Jahrhundert durch einen Mönch, der zunächst ein liederliches Leben geführt hatte, und zwar an der Stelle, die die heutige Einbuchtung des Mosaiks anzeigt. Das kann einem Aachener Bischof nicht gleichgültig sein, da seine Domkirche das Enthauptungstuch Johannes des Täufers seit der Zeit Karls des Großen hütet. Das Haupt wird heute in der Ommajadenmoschee in Damaskus von Muslimen und Christen verehrt. Über dieser Auffindungsstelle wurde die heutige Kapelle gebaut. An der Seite der Kirche wird auch der Stein verehrt, auf dem die Mutter des Herrn bei seiner Himmelfahrt stand; sie hat wohl keine Stöckelschuhe getragen.

Herr K. hatte uns auf das älteste Kloster des Landes aufmerksam gemacht, zu dem wir am Nachmittag mit Monika, Claudia und Jonas fahren. Wir fahren aus Jerusalem zur Straße 1 die Maale Adummin hinauf, biegen links nach Ramallah ab und wenden uns nach rechts Richtung Anatot, wo einst der Prophet Hosea seine Maulbeerfeigenbäume züchtete. Die Bergwelt der judäischen Wüste mit ihrer Stille nimmt uns gefangen.

Wir gelangen ins Wasser führende Wadi Faran, das nur wenig weiter sich mit dem Wadi Kelt verbindet. Hier liegt die Laura des Heraton (Chariton), gestorben 350. Er stammte aus Ikonion. Heraton war auf der Suche nach einem geeigneten Platz hierher gekommen; überfallen von Räubern, hatten sie ihn nach dreitägigem Marsch hier liegenlassen. Er konnte sich von den Stricken befreien und sah in Behältern Wasser, das er so nötig brauchte. Er sah, dass es schlecht war und trank nicht. Bald kamen die Räuber zurück. Trotz seiner Warnung tranken sie und starben. Das war ihm ein Zeichen, hier seine Laura (Kloster) zu gründen.

Später gründete er weitere Klöster in Duka bei Jericho und Suka bei Jerusalem/ Bethlehem. Wir klettern die Treppen hinauf und gelangen in Höhlen, wo eine alte, verrußte Kapelle und einige Mönchszellen mit Lagerstätten zu sehen sind. Wir erkennen die Grundmauern der Kirche und das Grab des Heraton, dessen Gebeine man im Vatikan vermutet. Schon 614 zerstörten die Perser das Kloster.

Im 18. Jahrhundert war der erste Versuch einer Neubesiedlung. Heute lebt dort ein russisch-orthodoxer Mönch, ebenfalls mit Namen Heraton, mit zwei Mönchen und gelegentlichen Gästen. Der Klosterbereich liegt jetzt in einem jüdischen Ressort, das den Zugang behindert (es schließt um 17.00 Uhr, sodass zur Vesper niemand mehr kommen oder gehen kann).

Am Fest des hl. Apostels Jakobus (25. 7.) zeigt uns P. Hatwig OFM das Mar Saba-Kloster, 483 gegründet. Die Fahrt geht über Bethlehem in die Wüste hinaus, wo durch das Kidrontal heute die Abwässer Jerusalems ins Tote Meer geleitet werden. Deshalb ist der Flusslauf grün. In den Felswänden finden sich zahllose Höhlen. 2000 Einsiedler lebten hier in alter Zeit. Es ist bewegend, in wilder Bergschlucht eines der ältesten blau bedachten Klöster der Christenheit zu sehen mit Kirche, Eudokia-Turm und Mönchszellen. Noch heute ist dieses Kloster Hort des Mönchtums.

Der heilige Mar Saba (439-532) stammte aus Kappadozien. Nach seinem historischen Besuch 1964 in Jerusalem hat Papst Paul VI. im folgenden Jahr die Gebeine Mar Sabas aus Venedig zurückgegeben, die wir im Katholikon sehen und verehren. Ein Mönch hält einer griechischen Frauengruppe eine Stunde lang eine Predigt. Wir steigen inzwischen zum Frauenturm, wo Jugendliche uns um Geld anbetteln, bis ein Polizist mit einem Stock kommt und die Jungen mit Esel und zu Fuß das Weite suchen. Hier ist die Gegend sehr unsicher.

Wir sehen im Katholikon Ikonen, ein Bild der Arche Noah, in die Tiger, Pferde und Kühe, aber auch Maus, Schlange und Schildkröte einziehen. Eine Ikone zeigt die Himmelsleiter, an deren Spitze Maria mit dem Jesuskind zu sehen ist. 614 hatten die Perser, 636 die Araber das Kloster überfallen. Leider können wir die Schädel der Märtyrer nicht sehen, da die Mönche (um 11.00 Uhr) schlafen, einer offensichtlich auf dem Schlüssel zur entsprechenden Kapelle. Erst 1840 wurde das Kloster neu besiedelt.

In Mar Saba lebte auch einer der größten Theologen seiner Zeit: Johannes von Damaskus (650-754). Sein Vater Sargun ibn Mansur war Finanzminister des Kalifen von Damaskus. Berühmt sind die drei Reden des Johannes gegen den Ikonoklasmus. Wie sollten Christen umgehen mit den Bildern, in denen die lebendige Gegenwart des Abgebildeten geglaubt wurde? Kam das nicht dem Götzendienst nahe, wo Gott doch in »unzugänglichem

Lichte wohnt« (1 Tim 6, 16) und »verzehrendes Feuer« (Hebr 12, 29) ist, unabbildbar, eine Ansicht Gottes, die durch das Judentum und den damals allgegenwärtigen Islam verstärkt wurde? Dagegen stand die biblisch bezeugte Auffassung, dass Jesus sichtbar als Mensch erschienen war als »Bild des unsichtbaren Gottes« (Kol 1, 15). Diese Frage hat die Kirche besonders des Ostens Jahrhunderte lang in Atem gehalten, letztlich siegte die Ikonenverehrung.

Wir kommen zum Theodosiuskloster (Mar Dosi). Theodosius war 479 aus Kappadozien gekommen und hatte seine Laura mit vier Kapellen und vier Priestern für Einsiedler aus vielen Nationen gebaut. Bei seinem Tod 529 gab es schon 400 Mönche. Sie existierte bis zum 15. Jahrhundert, wurde 1896 neu von griechisch-orthodoxen Mönchen belebt.

Heute liegt das Wüstenkloster faktisch in einem Vorort von Bethlehem, wo noch ein Mönch und drei Nonnen leben. Sie bewirten uns freundlich mit einer Wassermelone. Nach dem Besuch des Katholikon steigen wir in eine Höhle, wo die drei Weisen aus dem Morgenland mit ihrem Gefolge Rast gemacht hatten, als sie »auf einem anderen Weg« in ihr Heimatland zurückkehrten (Mt 2, 12). Es ist uns eine große Freude, hier ebenfalls Rast gemacht zu haben.

Der Kapellenraum ist dem Gedächtnis der heiligen Mütter großer Heiliger gewidmet, eine Verehrung heiliger Frauen, wie ich sie sonst nicht gefunden habe. Da ist Sophia, die Mutter des heiligen Saba, Theodora, die Mutter von Cosmas und Damian, die gut eine Apothekerin sein könnte, und Eulogia, die Mutter des Theodosius. Die Kapelle erinnert an die Mütter, die heute Kinder aufziehen und Familien bilden.

Das Theodosiuskloster ist auch berühmt, da ihm zwei Jerusalemer Patriarchen entstammen: Modestus (632-634), der sich nach den persischen Überfällen um die Wiederherstellung der Grabeskirche verdient gemacht hat, und Sophronius (634-638), der Jerusalem dem Eroberer Omar übergeben musste. Er dichtete den Hymnus, mit dem die orthodoxe Kirche des 24. Dezember gedenkt, wie überhaupt das Theodosiuskloster Ort der Hymnendichtung ist:

> »Bethlehem, sei gerüstet!
> Vorbereitet werde die Krippe.
> Die Grotte erwarte die Ankunft!
> Gekommen ist die Wahrheit,
> versunken das Schattenreich;

Gott selbst, aus einer Jungfrau geboren,
ist den Menschen erschienen.
Verwandelt, äußerlich wie wir,
vergöttlicht er
die angenommene Menschengestalt.
Wieder, ganz neu
wird Adam mit Eva gemeinsam geschaffen,
sodass beide ausrufen:
Auf Erden erschien das Wohlgefallen,
zu retten unser Geschlecht!«

Übrigens kennt Pater Hatwig die Bevölkerung. Die schwarz-weiße Kefijeh liegt sichtbar auf dem Bord des Wagens, und er winkt den Jungen freundlich zu, so werfen sie keine Steine.

Vom sozial-karitativen Wirken der Apostolischen Kongregationen

Das frühchristliche Asketentum, das in Familie und Gemeinde lebte, zog sich immer mehr in die Einsamkeit und Stille der Wüste zurück, wo die Mönche als Anachoreten dem Gebet, der geistlichen Versenkung, der Meditation lebten. Sie wohnten in Hütten und Höhlen und versammelten sich samstags und sonntags zu Stundengebet und Eucharistie. Aber bald zeigte sich, dass ein Zusammenleben, eine Einführung, Gemeinschaft und Koinonia gut tun, und so entwickelte sich das koinobitische Mönchtum. Das frühpalästinensische Mönchtum war oft eine Kombination beider Formen.

Demgegenüber lebt das westliche Ordensleben sehr stark die diakonische Dimension der Kirche mit ihren apostolischen Aufgaben in Behinderten- und Altenheimen, Hospizen und Krankenhäusern, in Schulen und Kinderheimen. Ein wahrer Segen für das Land und die Integration der Gesellschaft.

Wir besuchen Notre Dame des Douleurs (22. 7.), Beith Emmaus und St. Charles Sisters in Qubeibeh (24. 7.) sowie St. Charles-Hospice in Jerusalem (25. 7.).

Die französischen Schwestern Unserer Lieben Frau von den Schmerzen führen in Abu Dish, unmittelbar vor der Mauer, ein Haus für alte, geistig und körperlich Behinderte aus aller Herren Länder. Da sind der 80-jährige russisch-orthodoxe Pope, der zu seinem Bruder in die USA ziehen möchte, ein alter maronitischer Priester, Frauen und Männer, die in Liebe betreut werden. Die Schwestern erhalten Geld aus den Niederlanden und Deutschland, Herr K. besorgt jede Woche neu 200 permits, damit Palästinenser von jenseits der Mauer hier arbeiten können. Das bedeutet wöchentlich 1½ Tage Arbeit mit den Behörden. Zur Zeit wird der Kirchenraum renoviert. Das Gebet ist wichtig für die Menschen unterschiedlicher Konfessionen und Religionen. Abu Dish ist für mich ein Ort der Präsenz christlicher Liebe. Herzlich waren Gespräch und Führung durch Schwester Marie Dominique und Schwester Alban.

In Qubeibeh unterhalten die Salvatorianerinnen das Beith Emmaus, das ursprünglich ein Honeymoon-Hotel für katholische Adelige war, die als Hochzeitsreise eine Heilig-Land-Reise unternahmen. Die Schwestern unterhalten ein Pflegeheim für 50 behinderte und pflegebedürftige Frauen. Es liegt im Palästinensergebiet nahe Ramallah und unterliegt dem Reglement von gesonderten Straßenführungen und Checkpoints.

Als der Räuberhauptmann Abu Gosh die Gegend des alten Emmaus unsicher machte, luden die Franziskaner Emmaus-Pilger nach Qubeibeh ein, und so blieb ein weiteres Emmaus-Gedenken. Da die Juden das Ende von Tischa be Av feiern – drei Wochen konnte nicht geheiratet werden – und Toni Blair einen Vermittlungsversuch zwischen Israelis und Palästinensern macht, ist Jerusalem gesperrt.

So machen wir uns durch den Suk auf den Weg, wo alle Düfte des Orients uns entgegenwehen und geschlachtete Kamele mit langen Hälsen sowie zubereitete Ziegenböcke auf Käufer warten. An Notre Dame erwartet uns Schwester Judith und bringt uns sicher nach Qubeibeh, wo uns Tee mit Minze erfrischt. Die Umbauten sind vollendet. Wo vorher zwei Toiletten für das ganze Haus waren, gibt es nun genügend sanitäre Einrichtungen.

Schwester Hildegard arbeitet mit 12 Schwestern – drei davon waren in Tansania tätig – und 18 bis 25 Volontärinnen. Sie erzählt, eine der Volontärinnen aus der ehemaligen DDR habe gemerkt, dass die Schwestern mit Sterbenden einfühlsam und achtsam umgehen und mit ihnen beten. Darüber hat sie zum Glauben gefunden.

Die Katholische Universität Bethlehem hat einen Studiengang Health Care eingerichtet, dessen Praxisbegleitung Beith Emmaus macht. Der Erfolg der Einschreibungen lässt auf sich warten, da Krankenschwestern und Pflegerinnen nicht sehr gut entlohnt werden, wie auch Lehrer und Polizisten 1000 Nis, in der Endstufe 1500 Nis verdienen. Ola, das Mädchen, das 16 Jahre in einer Höhle aufwuchs, lernt etwas sprechen und ziviles Verhalten, aber Süßigkeiten bleiben nirgendwo liegen, die erobert sie für sich. Es ist ein langer, geduldiger Weg, Sprache und Kultur zu erlernen, wo vorher nichts da war.

Ich möchte ein Lob auf unsere tapferen Schwestern anfügen. Als die Regierung der Bundesrepublik vor ein paar Jahren anordnete, alle Zivildienstleistenden müssten nach Deutschland zurückkehren, war es nicht die Deutsche Botschaft, sondern unsere katholischen Schwestern, also Schwester Hildegard, die die Zivildienstleistenden zum Checkpoint brachte und sorgte, dass sie ordentlich behandelt wurden, und Schwester Ruth, die sie am anderen Ende des Checkpoints abholte. Unsere Schwestern sind mutig, hartnäckig und effizient, wenn es um ihre Schützlinge geht. Das Mittagessen ist eine orientalische Pracht, der Mittagsschlaf erfrischt uns.

Wir fahren zu den Borromäerinnen nach Qubeibeh, zu Schwester Clara, unserer 85-jährigen libanesischen Freundin. Auch Schwester Thoma ist eine tatkräftige Frau. Sie unterhalten eine Poliklinik, die unentgeltlich Medikamente und Behandlungen anbietet. An fünf Tagen kommt für vier Stunden ein Arzt und behandelt ca. 60 bis 80 Leute. Schikanen erleiden sie von israelischer und palästinensischer Seite.

Zum Beispiel hatten Jugendliche ein Hakenkreuz ans Tor geschmiert und Scheiben und Schelle mit Steinen zertrümmert, weil sie dachten, die Schwestern seien aus Dänemark. Das war ihre Antwort auf die Karikaturen, die Mohammed verunglimpften. Die Schwestern befürchten, dass wieder einmal die Straßenführung verlegt wird, wobei man nicht weiß, welche Folgen das für den freien Zugang haben wird. Große Stacheldrahtballen liegen schon bereit.

Schwester Thoma bringt uns zurück. Die Sperren sind lästig. Sie bekennt, beim ersten Mal nicht die Wahrheit gesagt zu haben. Nein, nein, gelogen habe sie nicht, halt nur die Umgehungsstraße zur Wahrheit genommen. Bei der zweiten Kontrolle arbeitet sie direkt mit der Wahrheit: Ich habe zwei deutsche Bischöfe im Wagen, »very important persons, die unbedingt pünktlich Dormition Abbey erreichen müssen. Können Sie sich ausdenken, welche politischen Schwierigkeiten das gibt, wenn sie nicht pünktlich sind?« Es klappt, wir kommen durch.

Ein kurzer Besuch bei den Borromäerinnen soll noch erwähnt werden, im Charles Hospice, in der German Colony zu Jerusalem. Schwester Saveria führt mit ihren rumänischen Schwestern Pilgerhaus und Kindergarten, nachdem sie 100 Jahre lang Schulen in Jerusalem, Nazareth und Haifa geleitet und so erste Grundlagen für eine bessere Erziehung, Bildung und Stellung der Frau gelegt haben. Auch dieser Besuch ist erfrischend und lehrreich für das Verhältnis und die Mission unserer christlichen Orden im Heiligen Land.

Vom benediktinischen Mönchtum

Eine dritte Komponente des Mönchtums soll nicht vergessen sein. Es gründet auf Benedikt von Nursia. Dieses abendländische Mönchtum benediktinischer Prägung lebt im Rhythmus des »Ora et labora« und pflegt besonders die Liturgie, Eucharistie und das Stundengebet.

Abt Benedikt Lindemann OSB von Dormition Abbey und Prior Jeremias Marseille OSB vom Priorat Tabgha haben junge Menschen angeworben und eindrucksvoll die monastische Lebensform erneuert. Die Konvente werden internationaler. Es ist gut, dass sich Spezialisierungen herausbilden in der Sprache Ivrit und Arabisch, in den Beziehungen zu den Religionen Judentum und Islam und zu den christlichen Konfessionen.

Ich liebe diese beiden Orte benediktinischer Präsenz, die eine dritte Form des Ordenslebens eindrucksvoll darstellen und dem Primat des Lobes Gottes dienen. Schön sind auch die Rekreationen im »Eulenhof«, die dem lebendigen Austausch dienen. Interessant war auch die Präsenz des niederländischen Nuntiaturrats Msgr. Hubertus van Megen, der im Sudan, in Israel und in der Slowakei Dienst tat und tut.

Besorgt sind die Klosterleute um die politische Situation, während Schwester Thoma kurz resümiert, dass diese Region seit 4000 v. Chr. in Spannungen lebt und es schon viel ist, wenn lebbare Verhältnisse entstehen.

II. Wege in Galiläa und auf dem Golan

Auf dem Weg zum See Genezareth: Am 26. Juli brechen wir nach Tabgha auf, nachdem wir früh an der Gedenkstätte der Entschlafung Mariens Eucharistie gefeiert haben und mit Hindernissen unseren Leihwagen erhielten. Die judäische Wüstenlandschaft nimmt uns gefangen. Wir fahren hinunter nach Jericho und durch den Jordangraben nach Norden. Es ist heiß. Die Temperaturen klettern in diesen Tagen in Galiläa von 38 auf 50 Grad Celsius.

Wir steuern Belvoir an, die eindrucksvolle Kreuzfahrerfeste, von der aus ganz Südgaliläa überschaubar ist. Gewaltig ist diese Basaltburg, die sich bis 1189 gegen die Angriffe Saladins wehren konnte und freien Abzug nach Norden erhielt.

Wir fahren zur Taufstelle Jesu am fischreichen Austritt des Jordan aus dem See Genezareth. Wir sehen Scharen von Christen, die im Jordan badend ihre Taufe erneuern. Diese Taufstelle ist einer der vier Orte, die gezeigt werden.

Die Taufe Jesu gibt mir Fragen auf. Warum lässt sich Jesus von Johannes »die Bußtaufe zur Vergebung der Sünden« spenden, wenn er doch »in allem uns gleich war außer der Sünde« (1 Joh 3,5)? Widerspricht das nicht dem Dogma, dass er Gottes Sohn war und der Befreiung von der Urschuld und von Sünden nicht bedurfte? Und dennoch reiht er sich in die Schar derer ein, die die Taufe erbitten.

Johannes spürt diese Spannung, wenn er sagt: »Ich müsste von dir getauft werden, und du kommst zu mir?« (Mt 3, 14) Und »nach mir kommt einer, der größer ist als ich. Ich bin nicht wert, ihm die Schuhriemen zu lösen. Ich taufe mit Wasser, er aber wird mit dem Heiligen Geist und mit Feuer taufen« (Mt 3, 13). Und dennoch besteht Jesus auf der Taufe. Er reiht sich ein in die große Menschenschar, die die Bußtaufe zur Vergebung der Sünden erbittet. Er weiß und zeigt in dieser Handlung, dass die Menschheit befreit werden muss von Sünde und Schuld zur Freiheit der Kinder Gottes.

Diese Befreiung und Erlösung aber geschieht durch Christi Leiden und Tod. Durch den Kreuzestod Jesu wird uns Erlösung und Heil zuteil, erhalten wir die rettende heiligmachende Gnade. So werden wir auf Christi Tod und Auferstehung getauft, wie der Apostel Paulus im Römerbrief (Kap. 6) darlegt. Die eigene Taufe zeigt Jesus, der auf seinen Tod vorwegweisend und symbolisch in der Taufe alle Sünde und Schuld der Menschen auf sich nimmt. »Durch sein Blut haben wir die Vergebung der Sünden« (Eph 1, 7).

So ist die Taufe Zeichen der tiefen Solidarität Christi mit dem unter Sünde leidenden Menschen, den er befreit und erlöst zur Freiheit der Kinder Gottes. Deshalb geschieht in der Taufe auch die Bestätigung des Himmels und die Offenbarung des trinitarischen Gottes, auf den künftighin getauft wird. Die Stimme des Vaters aus dem Himmel bestätigt Jesus als Sohn Gottes. »Dies ist mein geliebter Sohn, auf ihn sollt ihr hören« (Mt 3, 17. 17, 5), dessen Echo wir bei der Verklärung Christi auf dem Berg hören, zur Nachfolge berufen. Und Gottes Geist erscheint in Gestalt der Taube über Jesus, der in den Wassern des Jordan steht, Zeichen des Friedens mit Gott und den Menschen.

Durch Bougainvilleen-Alleen geht es zum Pilgerhaus des Deutschen Vereins vom Heiligen Land, wo wir Quartier machen und abends auf Pfarrer Ludger Bornemann treffen.

Rund um den See (27. 7.) orientieren wir uns in dieser stickig-dichten Atmosphäre. Vom Har Arbel schauen wir mit dem Blick Jesu nach Osten auf den See und nach Nordwesten auf das Taubental (Wadi Hamam) und auf die Hörner von Hittin, wo die Kreuzfahrer 1187 endgültig geschlagen wurden. Unverständlich, warum die Ritter in Eisenrüstung bei der Hitze des Sommers das wasserreiche Safed verließen und von der leichten Kavallerie Saladins angegriffen wurden, die das trockene Gras anzündete und die Pferde der Kreuzfahrer scheuen ließ. Das war das Ende eines christlichen Traums von einem christlichen Gottesreich im Land des Herrn und von freien Urstätten des Christentums.

Wir trinken Kaffee bei den philippinischen Schwestern, denen mein Bruder Manfred im Frühsommer 2007 das Haus repariert und neu gestrichen hat. Alle sind sie da: Schwester Andrew, Leah, Resurrection, Philipp und Salvacion. Wir tauschen Nachrichten aus, z. B. von meiner Reise zu den Philippinen und Japan. Wir fahren auf die andere Seite des Sees, auf den Ophir und Peace-Vista und blicken gen Westen, wo der Tabor sich aus der Ebene emporhebt und der Merom zu sehen ist.

Wir erkunden den Golan, die alte römische Provinz der »Gaulanitis« (28. 7.) Wir suchen nahe der syrischen Grenze

Steinkreise, die Uri Katz dem Bischof von Münster zeigte, aber der Führer schreibt: »It is not easy to find them.« Wir fanden sie trotz intensiver Suche nicht, wohl einen Pool mit grüner Vegetation, weißen Taubenschwärmen und zwei Reihern. Diese Steinkreise sind 4000 Jahre alt, mit einer Stele in der Mitte, deren Schatten am 21. März und 21. September auf ein Grab fällt.

Die geistige Nähe zu den Dolmen von Gamla ist zu vermuten. Hier gab es in vorjüdischer Zeit eine Verehrung der Sonne als Gott.

Unser Weg führt uns nach Gamla. Wir sehen die Bergfestung, die wie ein Kamel (Flavius Josephus) dort liegt und Tiberias und das Nordwestufer des Sees im Blick hat. Hier leisteten die »Zeloten« Widerstand gegen Herodes und die Römer, bis die Römer die Bergfeste 67 n. Chr. eroberten. Simon, der »Zelot«, (Lk 6, 15; Apg 1, 13) aus der Apostelschar gehörte zu dieser Gruppe von Aufständischen. Und immer, wenn Herodes seine Soldaten zur Jesusbewegung schicken wollte, konnte diese nach jenseits des Jordan ins Herrschaftsgebiet des Tetrarchen Philippus ausweichen, zumal Johanna, die Frau Chuzas, eines Beamten des Herodes (Lk 8, 3), in Verbindung mit der Jesusbewegung stand und Informationen weitergab.

Wir wandern in der Region des Gamla- und Daliyot-Streams und kommen zur größten Griffin-Volture-Kolonie in Israel. Eine junge Führerin wartet vergeblich auf Gäste und gibt uns bereitwillig Auskunft. Geier sind keine schönen Tiere, da ihr nackter, langer Hals ohne Federn ist, den sie zum Fressen tief ins Aas stecken müssen. Die Kolonie der Lämmergeier ist zutiefst gefährdet. In diesem Jahr hat nur ein Junges überlebt. Da die Lämmergeier nur Aas fressen, besteht die Gefahr, dass sie durch Gifte (Pestizide), die in der Landwirtschaft gebraucht werden, und durch Medikamente, die Kühen und anderen Tieren verabreicht werden, sterben oder auch durch Steine, die sie als Ersatz für das Calcium der kleinen Knochen nehmen, diese aber – im Magen liegend – sie zu schwer zum Fliegen machen. Von 85 Lämmergeiern zwei Jahre zuvor leben zur Zeit noch 18. Sie sind vom Aussterben bedroht.

Die Führerin macht deutlich, dass es hier um Lämmergeier (Griffin Volture) geht, nicht um Adler. Der Adler ist ein aktiv jagender Raubvogel, der mit seinen Krallen Beute schlägt und diese allein frisst, während der Lämmergeier ein passiver Vogel ohne Krallen ist, der lediglich Aas frisst und dazu andere Geier einlädt, sozusagen die »ecological police«. Sie werden bis zu 35 Jahre alt, sind als Paare einander lebenslang treu, brüten jährlich ein Ei aus und füttern beide das Junge. Erst mit fünf Jahren sind sie flugtüchtig und machen einen Lehr- und Wanderflug nach Saudi-Arabien, Libanon und Ägypten, sogar bis nach Finnland, wo einer sich verheiratete und niederließ. Die große Population in Indien ist völlig ausgerottet, weil die Geier verendete heilige Kühe fraßen, die Gift-Medikamente bekommen hatten.

Das schöne Psalmwort, dass der Herr uns wie dem Adler die Jugend erneuert (Ps 103, 5), gerät in eine ästhetische Schieflage, weil das hebräische Wort נֶשֶׁר sowohl Adler wie Geier bedeuten kann und die Professoren Zenger und Dohmen für die Lämmergeier plädieren, was unserem europäischen ästhetischen Empfinden entgegensteht.

Am Sonntag (29. 7.) feiern wir Eucharistie in Dalmanutha mit dem Blick auf den See. Ich predige über Seelsorge und Klosterleben nach Art der Bremer Stadtmusikanten.

Der »Galilee Song« der Sisters geht mir lange nach:

> »Deep within my heart,
> I feel voices whispering to me.
> Words that I can't understand;
> Meanings I must clearly hear!
> Calling me to follow close,
> lest I leave myself behind!
> Calling me to walk into evening
> shadows one more time!
>> Refrain:
>> So I leave my boats behind!
>> Leave them on familiar shores!
>> Set my heart upon the deep!
>> Follow you again, my Lord!
> In my memories, I know
> how you send familiar rains,
> falling gently on my days,
> dancing patterns on my pain!
> And I need to learn once more
> in the fortress of my mind,
> to believe in falling rain
> as I travel deserts dry!
>> Refrain:
>> So I leave my boats behind!

Leave them on familiar shores!
Set my heart upon the deep!
Follow you again, my Lord!
As I gaze into the night
down the future of my years,
I'm not sure I want to walk
past horizons that I know!
But I feel my spirit called
like a stirring deep within,
restless; ›til I live again
beyond the fears that close me in!‹
Refrain:
So I leave my boats behind!
Leave them on familiar shores!
Set my heart upon the deep!
Follow you again, my Lord!

Besonders der Blick hinein in die Nacht hinunter in die Zukunft meiner Jahre hat mich aufgestört, nachdem ich längst das übliche Pensionsalter überschritten habe. Die Zukunft meiner Jahre liegt im Dunkel der Nacht. Gewiss möchte ich nicht in den Horizonten wandern, die ich schon kenne – das beweisen die Unternehmungen auf dieser Pilgerreise. Ich fühle meinen Geist gerufen wie eine aufgestörte Tiefe im Innern, ruhelos, bis ich jenseits der Befürchtungen und Ängste, die mich einschließen, wieder lebe.

Da gilt eben nur das Motto dieses Galiläa-Liedes, die Boote hinter sich zu lassen, sie auf den heimatlichen Ufern zu lassen, mein Herz auf die Tiefe zu setzen und Dir, Herr, wieder zu folgen. Der Ruf des Herrn trifft nicht nur Jünger und Apostel damals, er trifft nicht nur Priester und Ordensleute zu Weihe und Profess, er trifft mich heute, je und je neu. Ich soll den Ruf Jesu neu hören, in den Bedingungen und Begrenzungen, in den Befürchtungen und Ängsten, jenseits der bekannten Horizonte: zu sehen und ihm zu folgen, ihm allein, in der Kraft einer sehnenden Seele und eines liebenden Herzens.

Wir halten Frühschoppen im Garten der Mönche, sprechen über den Neubau des Klosters und die Zukunft des monastischen Lebens in Tabgha. Der Kleine Bruder aus der Gemeinschaft von Charles de Foucauld in Nazareth, der Guatemalteke Emmanuel, ist zum Priorat Tabgha gestoßen und ergänzt die Gemeinschaft. Nach dem Mittagsschlaf trinken wir Kaffee bei unseren benediktinischen Schwestern und fahren nach Tiberias, wo wir das Grab des Rabbi Meir Ha Ness besuchen, das zwischen der sephardischen und askenasischen Synagoge liegt, wo in ersterer lautes Treiben vielen Volkes und in letzterer ernster Gebetsgeist weniger Männer herrscht. Durch Switzerland geht die Fahrt zu einem Aussichtspunkt auf die Akropolis, die neu ausgegraben ist und beherrschend über Tiberias liegt und wo der Blick auf Stadt und See geht.

Heute (30. 7.) besuchen wir die Salvatorian-School in Nazareth, die mit 1500 Schülern gute Arbeit vor allem unter Christen leistet. Gerade entsteht auf diesem engen Gelände ein neuer Schultrakt, morgen wird die Betondecke gegossen. Es gibt mir Gelegenheit, auf die gute Arbeit der christlichen Schulen für eine Generation des Friedens hinzuweisen.

Schwester Klara, die Leiterin, ist abwesend, aber Schwester Maria und zwei weitere Schwestern reichen uns Erfrischungen, servieren uns ein gutes Essen, geben uns arabischen Kaffee und ein Lager für die Mittagsruhe. Sie sind jahrelang im Heiligen Land und geben Zeugnis von der christlichen Botschaft.

Wir fahren zur Lavra Netofa bei Deir Hanna (Kloster des Johannes), wo Abuna Jacoub Willebrands das Einsiedlerleben wieder begründete – mit dem Ziel des Gebetes für die Einheit von Israel und Kirche. Im November 2005 ist er gestorben. Und schlau, wie er war, hatte er schon einen niederländischen Freund an der Grenze zum jüdischen Dorf Haririt beerdigt und ließ sich dort selbst begraben, denn Juden achten die Grabesruhe und damit den christlichen Komplex der Lavra Netofa.

Heute leben drei Einsiedler und die Bethlehem-Schwestern dort. Hier gibt es bei guter Sicht den Blick von Meer zu Meer (vom Mittelmeer zum See Genezareth) und von Berg zu Berg (vom Tabor zum Hermon). Wir beten in der Zisternenkirche für die Seelenruhe von Abuna Jacoub und für die Einheit Israels mit der Kirche (Eph 2, 14 ff.).

Eigentlich war eine Wanderung durch das Wadi Jehudijah geplant, aber angesichts der Scharen orthodoxer Juden, die in Zelten übernachteten, mit Bussen kamen und unablässig beteten und ins Wadi strömten, wichen wir auf ein Stück des Wadi Zapitan aus. Es ist ein herrliches Naturerlebnis mit alten Bäumen, Oleander und sechseckigen Säulen um die beiden Pools. Pater Emmanuel und Pfarrer Bornemann sind mit von der Partie. Anstrengend wegen der Hitze, haben wir es doch gut geschafft.

Abends ist Vesper und Eucharistie bei den Schwestern, es folgt ein vorzügliches Abendessen. Wir erzählen und tauschen Erfahrungen aus. Die Hunde Lovely und Life bekommen auch etwas ab.

Heute (1. 8.) erkunden wir den Golan. Wir beginnen in Tel Hadar, das an die zweite Brotvermehrung Jesu mit den sieben Broten und den vielen kleinen Fischen erinnert. Die Siebenzahl ruft die Menschheit auf, die in sieben Hauptvölkerschaften eingeteilt wurde (Apg 13, 19; Dtn 7, 9). Hier heilt Jesus Kranke und Belastete, Arme und Bedrückte. Und diese Menschen aus dem Land der Heiden »priesen den Gott Israels« (Mt 15, 31).

Dies ist der Gründungsort von Misereor (»Mich erbarmt des Volkes«, Mt 15, 32) in seinem Kampf gegen Hunger und Krankheit und für Entwicklung, Gerechtigkeit und Frieden in der Welt. Es zeigt gleichzeitig die missionarische Wirkung diakonischer Hilfe. So strahlt Christi Botschaft aus. Leider ist der Ort, da durch kein Kloster gehütet, ziemlich verwahrlost.

Wir kommen nach Kursi, wo Jesus einst die Dämonen in die Schweine geschickt hatte, die sich den Abhang hinabstürzten (Mk 5, 1-20 parr.). Die antirömische Interpretation sieht in dem »Wir sind Legion« (Mt 5, 9) eine Anspielung auf die römische Besatzungsmacht mit ihrer 10. Legion. Die jüdisch geprägte Auslegung sieht in den Schweinen die unreinen Tiere und die Anspielung auf das Heidentum.

Wir sehen die schöne Kirchenruine, eine Basilika mit Vorraum und Zisterne, mit dreifachem Kirchenschiff und floralem Mosaikfußboden und zwei Vögeln mit Korb im Torbereich, mit Taufbecken und Ölpresse. Draußen findet sich eine Walze, die den Bibeltext von Kursi in den verschiedenen Sprachen in den Sand zeichnet. Oben am Fels sind die Kapelle des Absturzes der Schweine und die Felsengräber der 30, 40 Märtyrer aus dem 7. Jahrhundert.

Abuna Chacour erzählt, dass in Kursi, und einzig in Kursi, sich die Kompassnadel nicht auf Norden, sondern auf Westen stellt, so stark ist die elektrotektonische Erdstrahlung. Kann es sein, dass sie den Schweinen die rechte Orientierung nahm?

Wir besuchen das Wadi El Al am Einstieg zum weißen Wasserfall und am Weg zum schwarzen Wasserfall, so nach dem Kalk- oder Basaltstein genannt. Wir sehen Juden mit schwarzen Hüten und Seidenmänteln, mit Zizith und Schläfenlocken, die mit Kind und Kegel das Wadi besuchen. Es ist Ferienzeit.

Wir kommen nach Umm al-Qanatir (Richtung Katzrin), wo im Gedenken an den ermordeten Tourismusminister Gandi eine alte Synagoge ausgegraben wird. Eine junge Frau erklärt anhand von Bildern, wie sie arbeiten und die einzelnen Steine nummerieren. Es ist eine der 15 Synagogen in Richtung auf Katzrin, die eine jüdische Vergangenheit auf dem Golan demonstrieren. Es scheint, dass die Synagoge aufgrund der Schwere des Daches (unterstützt durch Erdbeben?) eingestürzt ist.

Es handelt sich um zwei Synagogen, deren eine nach Jerusalem gerichtet ist und deren andere nach Sonnenaufgang weist. Bau und Ausstattung, Bema und Thoraschrein sprechen für das 6. Jahrhundert. Fünf siebenarmige Leuchter beweisen den jüdischen Charakter. Das Dorf wurde schon im 6. Jahrhundert verlassen. Wir gehen zum Walker-Becken, wo drei Becken zur Herstellung von Tüchern für die Synagoge mit Hilfe von Purpurschnecken dienten. Eine Entdeckung von großer Kostbarkeit, die wir Omri verdanken.

Wir steuern durch eine herrliche und kühlere Berglandschaft auf den Hermon zu, der majestätisch vor uns liegt, und gelangen bis zum Lift auf den Berg. Wir machen Mittagsrast in einem Restaurant, wo wir Drusenpizza essen mit saurem Quark und Satar und Öl. Wir sehen den Ram-See, hoch gelegen und Legenden bildend, wie ein Auge Gottes. Wir kommen an die Ufer des Jordan, sehen Paddelboote, aber nicht unsere Autoreifen, auf denen man den Fluss hinabgleiten kann. Ein Eis darf nicht fehlen, bevor wir Richtung Katzrin den Golan verlassen.

Am Donnerstag (2. 8.) fahren wir morgens zu den Lagunen am Jordan-Einfluss. Es ist sehr heiß. Wir sehen Seereiher und Tauben, grüne Vögel und blauen Eisreihern ähnliche Vögel. Die Lagune ist gut mit Wasser gefüllt. Ein wahres Naturparadies. Leider reicht die Zeit nicht zum längeren Verweilen, denn der melkitische Erzbischof von Akko, Haifa, Nazareth und ganz Galiläa hat uns nach Haifa eingeladen. Als Bischof Reinhard ihn anrief, war er in den Niederlanden, hatte dann Einkehrtage mit seinen Theologiestudenten. Er könne gut am Donnerstag nachmittag.

Wir fahren also nach Haifa. Auf dem Melkite Archbishopric weht die päpstliche Flagge. Er liegt nahe des Bahai-Tempels, in dessen Gartenanlage sich Brautpaare fotografieren lassen. Am Wagen hat der Erzbischof die Päpstliche Standarte, das gibt zusätzlichen Schutz und entsprechendes Ansehen. Abuna Chacour empfängt uns herzlich mit Kaffee und Wasser und lädt uns ein, mit ihm Akko zu sehen.

In Akko lebt eine der ältesten Christengemeinden. Hier landete Paulus am Ende seiner dritten Missionsreise. »So fuhren wir von Tyros ab und beendeten unsere Seereise in Ptolemäus. Wir begrüßten die Brüder und blieben einen Tag dort.« (Apg 21, 7)

Akko kann seine Geschichte bis 3000 v. Chr. zurückverfolgen und taucht in ägyptischen Beschwörungstexten (19. Jh. v. Chr.) und in den Amarnabriefen (14. Jh. v. Chr.) auf. Es wurde dem Stamm Ascher zugeteilt (Ri 1, 31 f.). Pharao Ptolemäus ließ die zerstörte Stadt 261 v. Chr. wieder aufbauen. Sie geriet unter syrischen Einfluss. Akko spielt in den Makkabäeraufständen eine Rolle (1. Makk 10, 15-21. 41-63; 12, 39-48).

In arabischer Zeit eroberten die Kalifen von Bagdad vom Hafen Akko aus die nordafrikanische Küste. 1099 kamen die Kreuzfahrer ins Land. 1104 bezwingen sie Akko mit Hilfe genuesischer Schiffe nach 20-tägiger Belagerung. 100 Jahre lang ist Akko Sitz des lateinischen Königs und des Patriarchen von Jerusalem. 1217 predigt Franz von Assisi vor dem Sultan von Cairo, der beeindruckt ist. 1291 unterliegt Akko den Mamelucken wegen der Streitigkeiten bei den Handelshäusern Venedigs, Paduas und Pisas. Grausam werden die Christen abgeschlachtet.

Ihr heutiges Aussehen erhielt die Stadt durch Achmed Pascha aus Bosnien (1775-1814), wegen seiner Grausamkeit al Jezzar, der Grausame, genannt. Bastionen und Höfe stammen von ihm. Buri al Cummande, der mächtige Eckturm, und seine Bauten bilden das schöne orientalische Stadtbild. 1781 baute al Jezzar die Hauptmoschee nach dem Vorbild der Hagia Sophia; sie besitzt drei Haare vom Bart des Propheten. Sie erhebt sich über der Kreuzfahrerkathedrale und der Patriarchatskirche zum Heiligen Kreuz.

Akko ist der Hafen, der am schnellsten von Damaskus aus erreichbar ist, wo dann die »Via maris« nach Süden abbiegt. Hier trafen die Karawanen mit ihren Waren von der Seidenstraße (Indien/China) und der Weihrauchstraße (Afrika/Arabien) auf den schiffbaren Hafen. Berühmt ist die Johanniter-Ordensburg mit Hospiz und unterirdischen Gängen zum Hafen.

Abuna Chacour zeigt uns die gut erhaltenen Karawansereien, den Khan al Afranji, die »Frankenherberge«, und den Khan al Umhan, der seit 1737 als die von den Franziskanern betreute Pfarrkirche dient. Wenn man im Khan übernachten will, führt der erste Weg an den Brunnen in der Mitte der quadratisch gestalteten Anlage, wo Esel oder Kamele getränkt werden. Sie finden im Erdgeschoss Ställe mit reichlich Stroh. Im ersten Stock können die Gäste übernachten. Wenn die Karawanserei überfüllt ist, geht man zum nächsten Khan oder sucht eine Höhle, die dem Vieh als Unterkunft dient und in der man übernachten kann.

So war es wohl auch bei der Heiligen Familie in Bethlehem. Wie selbstverständlich haben die Eltern Jesu das Kind in die Krippe gelegt, aber nicht dem wärmendem Atem von Ochs und Esel ausgesetzt, wie manche meinen. Diese Tiere sind erst später als Midrasch in die Weihnachtsgeschichte gelangt, um zum Glauben an Christi Geburt aufzurufen: »Der Ochs kennt seinen Besitzer und der Esel die Krippe seines Herrn. Israel aber hat keine Erkenntnis, mein Volk hat keine Einsicht« (Jes 1, 3).

53

Der Erzbischof zeigt uns auch seine alte Kathedralkirche von Akko, ganz verborgen hinter Mauern, wo man sie nicht vermutet, gereinigt und restauriert von einem tüchtigen Pfarrer. Viele gotische Räume sind freigelegt und dienen pastoralen Zwecken. Unter der Kirche befinden sich weitere Räumlichkeiten, die auch noch freigelegt werden.

Abuna Chacour erzählt uns von seiner Entdeckung einer Glosse im babylonischen Talmud, wonach der Rabe, der dem Propheten Elias das Brot brachte, in Wahrheit ein Araber (Beduine) war, wenn man das hebräische Wort ערב nicht als עֹרֵב = Rabe, sondern als עְרָב = Araber punktiert, was einen plausiblen Sinn gibt. Gerne hätte er uns in die Elischa-Geschichten eingeführt.

Interessant ist auch seine Geschichte von der Heilung des Naaman, des Feldherrn des Königs von Aram, der an Aussatz erkrankt war und den die jüdische Magd auf den Propheten Elischa in Israel aufmerksam machte (2 Kön 5). Nach einiger Dramatik heilt Elischa den Naaman, lehnt aber dessen Geschenk ab. Naaman erbittet so viel Erde von Israels Boden, wie zwei Maultiere tragen können, »denn dein Knecht wird keinem anderen Gott mehr Schlacht- und Brandopfer darbringen als Jahwe allein«. Und dann erbittet er, seinen Herrn in den Tempel des Rimon begleiten, den Herrn stützen und mit ihm niederknien zu dürfen, das möge Jahwe ihm verzeihen. »Elischa antwortet: Geh hin in Frieden!« (2 Kön 6, 17, 19) Der Text ist bedeutsam, weil er die äußere Verehrung eines anderen Gottes zulässt, bei der eindeutigen Aussage, allein Jahwe verehren zu wollen auf Israels Boden. Elischa bestätigt nicht direkt, sondern sagt ihm den Frieden zu für seinen Weg.

Die Geschichte aber geht so weiter, dass der Diener des Propheten Gehasi Naaman hinterherläuft und zwei Talente Silber und Festkleider annimmt. Er leugnet vor dem Propheten, Naaman darum gebeten zu haben, aber Elischa hatte es in einem Gesicht mitbekommen, und nun tragen Gehasi und seine Nachkommen »für immer« den Aussatz. »Gehasi aber ging hinaus und war vom Aussatz weiß wie Schnee« (2 Kön 5, 27).

Wir fahren zum Bischofssitz nach Haifa, wo wir ein fürstliches arabisches Abendessen genießen. Beim nächsten Mal sollten wir aber wenigstens drei Tage bleiben. Der Erzbischof erzählt, dass im Herbst die Österreichische Bischofskonferenz bei ihm tagt.

Am vorletzten Tag (3. 8.) fahren wir zum Snir-Stream, einem der drei Zuflüsse des Jordan, wo palästinensische Familien sich erholen. Er entspringt im Libanon und ist 65 Kilometer lang. Das Dorf am Quellort hat eine eigentümliche Geschichte. Es gehörte zum Libanon, wurde an Syrien abgegeben, was nicht bekannt war, und kam auf dessen eigenen Wunsch an Israel. Wir machen eine abenteuerliche Wanderung durch das Wasser, besuchen den Saar-Wasserfall, der nur im Frühjahr Wasser bringt, und sehen die Burg Nimrod, gebaut von einem Neffen Saladins im 12. Jahrhundert, von den Mamelucken erneuert und von Sultan Baibass verstärkt, bis sie ihre Funktion im Kampf gegen die Kreuzfahrer verlor und verfiel.

Nach einem Mittagsschlaf und einem Kaffee bei den Sisters nehmen wir in Dalmanutha Abschied vom See.

Am letzten Tag feiern wir heilige Messe in der Basilika, schwimmen noch einmal im Pool und brechen um 10.30 Uhr zum Flughafen Ben Gurion auf, wo das Flugzeug 16.30 Uhr abhebt, sodass wir wohlbehalten in Frankfurt und um 1.30 Uhr wieder im Münstertal sind, um in den kommenden Tagen noch ein wenig auszuspannen und die Erfahrungen zu verarbeiten.

Ich möchte einstimmen in ein Wort des Erzbischofs

von Mailand, Carlo Maria Kardinal Martini, der vielen Menschen die geistliche Schriftlesung erschlossen hat und der seinen Lebensabend in Jerusalem verbringt. Er sagt: Jerusalem »ist der Traum meines ganzen Lebens gewesen.

Für mich ist Jerusalem das Zentrum der menschlichen Geschichte, das Zentrum der Welt. Anders als die gängige öffentliche Meinung sehe ich die Stadt nicht zuerst als die Stadt der Konflikte, sondern eher als Stadt des Gebets. Hier wird viel gebetet: Freitags beten die Muslime; samstags beten die Juden, die den Sabbat sehr bewusst begehen; sonntags beten die Christen. Dann gibt es noch die vielen Fest- und Feiertage.

Jerusalem ist auch die Stadt des Dialogs; er wird hier intensiv gepflegt, auch wenn dem Augenschein nach die Konflikte vorherrschen.

Und nicht zuletzt ist Jerusalem die Stadt der Liebe; es gibt viele Gesten und Zeugnisse liebevoller gegenseitiger Aufmerksamkeit.

Wenn ein Mensch das Wort Gottes hört, wird er ein freies, aktives Subjekt; er vermag große Projekte anzugehen und weiß: Die ganze Welt ist ihm anvertraut.

In Jerusalem ist dieses Wunder Wirklichkeit geworden – durch das Wirken vieler großer Gestalten wie David, Jesaja oder Jeremia. An diesen Stätten hier ist Gottes Wort erklungen. Hier haben sich durch Gottes Fügung Ereignisse abgespielt, die nach seinem Willen zur Wiederherstellung, zur Heilung, zur umfassenden Befreiung des Menschen führen sollten.

Natürlich gibt es daneben das andere: Auch Konflikte gehören zur Realität.«

(Carlo Maria Martini, Mein Leben, Freiburg 2007, 5-7).

Die Aachener Heiligtümer

Geschichtliche Nachrichten und legendäre Hinweise

Unter Benutzung von:

Dorothée Hugot,
Die Aachener Heiligtumsfahrt,
in: Deutsche Tagespost 2. 9.1986;

Dr. F. Bock,
Das Heiligtum zu Aachen, Köln-Neuss 1867;

Anonym,
Die Aachener Heiligtumsfahrt und die Aachener
Reliquien, von einem katholischen Laien, Aachen 1853

**Geschrieben im Nachklang
der Aachener Heiligtumsfahrt 2007**

In Jerusalem gehen meine Gedanken zurück zu den Heiligtumsfahrten nach Aachen und Kornelimünster, die ein großes geistliches Ereignis waren und eine heitere, gelassene Stimmung ausstrahlten, ein Fest des Glaubens mit 95 000 Pilgerinnen und Pilgern vom 1. bis 10. Juni 2007, und in Mönchengladbach vom 7. bis 15. Juni 2007.

Die Fränkischen Reichsannalen berichten für das Jahr 799, dass der Patriarch von Jerusalem Kaiser Karl dem Großen Reliquien »vom Ort der Auferstehung des Herrn« schickte. Wir wissen auch aus dieser Zeit von Reliquienschenkungen aus Konstantinopel und Rom.

Die vier großen Heiligtümer von Aachen, die im Marienschrein des Domes aufbewahrt werden, sind die Windeln Jesu und das Lendentuch des Herrn, das Kleid Mariens und das Enthauptungstuch Johannes des Täufers. Die naturwissenschaftlichen Untersuchungen datieren diese textilen Reliquien zwischen dem 1. und 8. Jahrhundert. Wir verstehen sie als altehrwürdige Zeichen und Hinweise, die uns in gläubigem Schauen auf »Tuchfühlung« mit Jesus, Maria und Johannes gehen lassen.

Die Windeln Jesu sind ein dichtes Wollgewebe von braun-gelber Farbe, das wie dicker Filzstoff aussieht. Es ist dreifach zusammengefaltet und an einem Ende wie ein Halskragen umgeschlagen. Alte Aachener Überlieferungen meinen, dass sie ursprünglich die Fußbekleidung oder die Hosenbeine des heiligen Josef waren.

Lukas erwähnt die Windeln Jesu (Lk 2, 7. 12) gleich zweimal und die Krippe sogar dreimal (2, 7. 12. 16), sodass sie hervorgehoben sind. Nichts weist mehr auf die wirkliche Menschheit Jesu hin als die Windeln. Denn unser Menschenleben beginnt mit Windeln, die man damals waschen und wieder benutzen musste.

Windeln haben in der Antike eine spezielle Bedeutungsgeschichte: Die Windeln des Pharao gehören zum Topos ägyptischer Königstheologie. So sagt Pharao Seostris I. in einem Königshymnus von sich: »Ich bin ein geborener König ... ich habe schon als Säugling erobert, ich war machtvoll im Ei, ich regiere schon als Junge. Er setzte mich ein zum Herrn beider Länder, als Kind, bevor die Windeln gelöst wurden ...« Und auf der Mendes-Stele heißt es von Pharao Ptolemaios II.: »Herrscher, Sohn eines Herrschers, geboren von einer Herrscherin, dem das Amt des Herrschers der beiden Länder schon überwiesen wurde, als er noch im Mutterleib war und als er noch nicht geboren war. Er hat schon erobert auf der Windel, und er hat schon geherrscht an den Brüsten.« Hier werden die Großtaten der Pharaonen in die Säuglingszeit und ins vorgeburtliche Leben zurückprojiziert.

Dagegen setzt sich das in Alexandrien in griechischer Sprache verfasste Buch der Weisheit ab, indem es betont, dass der König ein Mensch ist wie alle anderen Menschen auch: »Auch ich bin ein sterblicher Mensch wie alle anderen, Nachkomme des ersten, aus Erde gebildeten Menschen.

Im Schoß der Mutter wurde ich zu Fleisch geformt, zu dem das Blut in zehn Monaten gerann durch den Samen des Mannes und die Lust, die im Beischlaf hinzu kam. Geboren atmete auch ich die gemeinsame Luft, ich fiel auf die Erde, die Gleiches von allen erduldet, und Weinen war mein erster Laut wie bei allen. In Windeln und mit Sorgen wurde ich aufgezogen; keiner der Könige hat einen anderen Anfang des Daseins. Ein Eingang aller zum Leben, gleich auch der Ausgang« (Sap 7, 1-6).

»Auch bei Lukas ist das Wickeln in Windeln ein Zeichen für die menschliche Ohnmacht und Hilfsbedürftigkeit des Neugeborenen, aber er geht zwischen der Ideologiekritik des Weisheitsbuches und der hellenistisch-römischen Herrscherverherrlichung (die dem Topos ägyptischer Königstheologie folgt) seinen eigenen Weg. Setzt er sich von der Weisheit Salomos dadurch ab, dass er die kulturell gegebene Semantik der Windel nicht zur Infragestellung des göttlichen Ursprungs des Kindes benutzt (Lk 1, 34), so gerät er auch nicht auf die Bahn der jüngsten, der gängigen Herrscherideologie.

An keiner Stelle wird die Hilflosigkeitssemantik der Windeln durch irgendwelche beeindruckenden Herrscher-aktivitäten aufgehoben. Die echte Menschlichkeit des Neugeborenen wird nicht durch gängige Hoheitstopoi überspielt« (Joachim Kügler, Die Windeln des Pharao, in: Göttinger Miszellen 172 [1999] 51-62; derselbe, Die Windeln Jesu als Zeichen, in: Biblische Notizen 77 [1995] 20-28; derselbe, Die Windeln Jesu [Lk 2] - Nachtrag, in: Biblische Notizen 81 [1996] 8-14).

Was wissen wir sonst über die Windeln Jesu? Viele Legenden über seine Kindheit beweisen, dass sich vom 4. bis 7. Jahrhundert das Interesse auf die Windeln gerichtet hat. Nach dem Zeugnis des Nicephorus Callisti soll die Kaiserin Eudokia um das Jahr 445 diese Windeln vom Jerusalemer Patriarchen Juvenal erhalten und nach Chalcoprateion bei Konstantinopel gebracht haben. Die Kaiserin Pulcheria habe sie in einer von ihr erbauten Kirche ebenda mit anderen Reliquien beisetzen lassen. In der griechischen Kirche gab es am 31. August eine kirch-liche Festfeier der Verehrung der Windeln zusammen mit einem Gürtel der Gottesmutter; ein solcher befindet sich in der Schatzkammer des Aachener Domes.

Von Erzbischof Andreas von Kreta (7. Jahrhundert) sind drei Predigten auf uns gekommen. Darin heißt es: »Lasst uns nicht das, was äußerlich dem Auge erscheint, gering achten, sondern das damit verbundene Geistige verehren, nicht das, was man sieht, verächtlich behandeln, sondern das darunter Verborgene preisen«. Und er spricht vom Schrein: »Schrein, der außer dem Gürtel der Jungfrau Maria die verehrungswürdigen Windeln birgt, worin der Höchste bei seiner Menschwerdung gewickelt war«. In einer anderen Predigt sagt er: »Heute ist der Weihetag dieser Kirche, weil in ihr die Windeln Jesu und der Gürtel der Jungfrau sich befinden, Maria, die Gott wunderbar zur Welt geboren hat.« Und in der dritten Ansprache lesen wir: »Heute wird jedem in Erinnerung gerufen das jährliche Gedächtnis des hochehrwürdigen Gürtels der allzeit reinen Gottesmutter und der heiligen Windeln ihres lieben Sohnes. Maria hat ihn in diese Windeln eingewickelt. Windeln, die ihr den Herrn, unseren Erlöser umhüllt habt! Windeln und Gürtel, bekräftigt die, welche in gläubiger Gesinnung diese heilige Kirche und euch verherrlichen und verehren!«

Unter Papst Theodoros (646-649) sollen Teile der Windeln nach Santa Maria Maggiore in Rom gekommen sein. Eine Quelle im Aachener Stadtarchiv sagt: »Dann schickte Kaiser Karl fast über die ganze Erde, damit alle Welt nach Aachen komme und dort die Heiligtümer verehre, welche er von Jerusalem, Rom und Konstantinopel mitgebracht hatte, nämlich ... sein Schweißtuch (heute in Kornelimünster), das Unterkleid seiner heiligsten und jungfräulichen Mutter Maria, welches sie bei der Geburt trug, sodann eine ›Windel‹, worin sie ihn in der Krippe einwickelte.«

Ob Karl der Große die Windeln aus Rom oder Konstantinopel erhielt, wissen wir nicht. In Konstantinopel wird die Verehrung der Windeln bis ins 13. Jahrhundert erwähnt. Die Windeln Jesu sind Zeugnis seiner Geburt. Nichts spricht mehr für Jesu Hilfsbedürftigkeit als diese Windeln.

Zwei Erfahrungen mit den Windeln Jesu möchte ich nennen. In diesem Jahr kam ein junger Arzt, dem ein erster Sohn geboren war, mit dem Taufkleid und bat, es an die Windeln zu halten. Er wollte seinen Sohn spürbar mit dem Jesuskind in Verbindung bringen. Bei der Heiligtumsfahrt 2000 besuchte der koptisch-orthodoxe Bischof Amba Damian mit einer Gruppe von Ägyptern die Heiligtümer. Ich habe sie mit den Windeln Jesu gesegnet, weil die Ägypter die Heilige Familie aufgenommen und ihr 3½ Jahre Asyl gewährt haben.

Das Kleid Mariens ist ein Unterkleid, in älteren Schriften »camisia« oder »indusium« genannt. Die Untersuchung hat ergeben, dass es sich um eine orientalische Stoffart handelt, die »Byssus« heißt. Byssus wurde hauptsächlich in Ägypten hergestellt und zwar in verschiedenen Qualitäten. Das Marienkleid ist aus Baumwolle und gehört zu den weniger wertvollen Arten des Byssus. Es hat eine gelblich-weiße Farbe und ist Ton in Ton durch Längs- und Querstreifen quadratisch gemustert. Halseingang und Seitenschlitze am Saum sind mit einer feinen mäanderartigen Stickerei versehen. Die Ärmel des Kleides, vor allem der linke Ärmel, sind ungleichmäßig abgeschnitten. Auf dem rechten Ärmel und vorn sind gelblich-weiße Flecken, die als Milchflecken gedeutet wurden.

Nach einer Chronik des 5. Jahrhunderts, und zwar des Nicephorus Callisti aus Konstantinopel, der sich auf die frühen Quellen der reichen Bibliothek der »alten« Hagia Sophia stützen konnte, wird berichtet, dass die »camisia« der Gottesmutter 451 in Galiläa aufgefunden wurde. Die etwas abenteuerliche Geschichte erzählt, dass zwei Pilger, Galbius und Pandius, das Haus einer jüdischen Jungfrau aufsuchten, in dem viele Kranke betend Heilung suchten. Das Kleid lag in einem Kasten im Hinterzimmer des Hauses. Die Pilger merkten sich Größe und Farbe des Kastens. Sie gingen nach Jerusalem. Sie ließen einen Kasten nachbauen, gingen zu der Jüdin zurück, entwendeten heimlich das Kleid, gaben der Jüdin reiche Geschenke und kehrten nach Konstantinopel zurück. Sie bauten sich eine Hauskapelle. Aber durch die Wunder, die sich ereigneten, wurde die Sache bekannt.

Kurz zuvor hatten die Kaiserin Pulcheria und ihr Mann Marcian eine Marienkirche vor den Toren der Stadt erbaut. Hierhin wurde das Gewand in einer aus Gold und Silber gefertigten Lade übertragen. Das Fest der Übertragung wurde in der griechischen Kirche am 2. Juli gefeiert.

Ein Bericht aus dem 7. Jahrhundert beschreibt die Reliquien und berichtet, dass angesichts der Bedrohung durch die Perser 613 der Patriarch die Reliquien in die Hagia Sophia holte. Aber die Beauftragten schnitten ein Stück ab. Seit Anfang des 9. Jahrhunderts fehlt das Marienkleid in den Reliquienregistern, die bis ins 15. Jahrhundert reichen; das Marienkleid taucht nie mehr auf.

Seit 800 befindet sich ein Marienkleid in Aachen und wird verehrt. Bei den Zeigungen der Heiligtümer seit 1349 wird das Gewand der Gottesmutter entfaltet. Die Wärter berühren mit ihnen gereichten Eheringen, Rosenkränzen und Kreuzen das Kleid Mariens. Es gibt eigentlich keinen vernünftigen Zweifel, dass dieses Kleid orientalischen Ursprungs ist. Es ist auch deshalb kostbar, weil die Pfalzkapelle Karls und später das Bistum »Maria, Hilfe der Christen« geweiht ist und durch das Gnadenbild von Aachen eine besondere Anziehung hat.

Das Gnadenbild wird mit Kleidern in den liturgischen Farben geziert. Bei der Heiligtumsfahrt trägt es das kostbare Kleid, das die Infantin Clara Maria Eugenia aus Brüssel mit 144 000 Perlen bestickte. In diesem Jahr schenkte eine tschechische Delegation der Gottesmutter ein grünes Kleid, das eine junge Frau gefertigt hatte, die drei Wochen vor der Aachener Betefahrt einen tödlichen Unfall erlitt. Kostbar ist der Schmuck Mariens und des Jesuskindes. Oft ist auf dem Kleid Jesu ein goldener Frosch zu sehen, ein Geschenk der kolumbianischen Bischöfe aus der indigenen Kunst, damit das Jesuskind etwas zu spielen habe, Ausdruck der Partnerschaft und Freundschaft zwischen den Bistümern Kolumbiens und Aachen.

Bischof Norbert Trelle (Hildesheim) berichtet (2007), dass ein Stück des Ärmels des Marienkleides im Domschatz zu Hildesheim aufbewahrt wird. König Ludwig der Fromme, der Sohn Karls des Großen, hat das Ärmelstück des Marienkleides abgeschnitten und trug es in einem Marienreliquiar auf seinen Reisen mit sich. 815 – so erzählt die Gründungslegende des Bistums Hildesheim – sei dieses Ärmelstück bei einer Jagd im Wald vergessen worden und saß beim Auffinden so fest in einem Rosenstrauch, dass man es zunächst nicht lösen konnte. Dies wurde als ein Zeichen gesehen für den Ort des Baus des ersten Mariendomes. Der Tausendjährige Hildesheimer Rosenstock erinnert daran. Neben dem Aachener Dom wurde ein Setzling des Rosenstocks angepflanzt und erinnert an diese Verbindung zwischen Hildesheim und Aachen (in: Kirchenzeitung Bistum Hildesheim vom 1.7. 2007).

Das Enthauptungstuch Johannes des Täufers ist ein feines Leinengewebe in Form eines länglichen Vierecks (2,20 x 1,50 Meter). Es hat deutliche große Blutflecken. Die Feinheit des Gewebes – so wird angenommen – lasse darauf schließen, dass das Tuch aus dem Palast des Vierfürsten Herodes Antipas stammt von der Burg Machaerus, wo dieser den Vorläufer des Herrn, Johannes, enthaupten ließ, wie es die tanzende Salome auf Betreiben ihrer Mutter Herodias gefordert hatte (Mt 14, 3-12; Mk 6, 17-24, Lk 3, 19 f.).

Es gibt einen Bericht, der sich auf eine arabische Handschrift bezieht, der behauptet, das Haupt des heiligen Johannes sei im Bereich des herodianischen Palastes begraben. Das Neue Testament berichtet, dass die Jünger des Johannes seinen Leichnam holten und begruben. Die arabische Quelle erzählt, dass zwei Pilger bei der Übernachtung in dem herodianischen Palast eine Vision hatten und das Haupt entdeckten.

In einer kleinen Kirche der russisch-orthodoxen

Schwestern auf dem Ölberg in Jerusalem wird die Legende so berichtet, dass Herodias das Haupt des Täufers nicht habe abgeben wollen, weil sie befürchtete, wenn sein Haupt mit seinen übrigen Gebeinen zusammenkomme, könne der Täufer auferstehen. Sie verbarg das Haupt im Palast. Eine Magd Johanna fand es und brachte es den Mönchen auf dem Ölberg, die es bestatteten. Im 4. Jahrhundert fand ein Mönch, der zuvor ein liederliches Leben geführt hatte, das Haupt in einer irdenen Schüssel. An der Stelle wurde die kleine Kirche gebaut und im Mosaikfußboden die Auffindungsstelle durch eine tiefe Einbuchtung markiert.

Ein römisches Martyrologium datiert die »Auffindung« des Hauptes auf den 24. Februar. Sozomenes berichtet in der zweiten Hälfte des 4. Jahrhunderts, dass sich das Haupt bei Mönchen in Zilizien befindet. Als Kaiser Valenz in Konstantinopel durch einen Palastbeamten davon erfuhr, ließ er die Reliquie den Mönchen abnehmen und bei Chalcedon beisetzen, wo die Lasttiere anhielten und nicht weiterzogen. Kaiser Theodosius verehrte sie dort und erreichte durch beharrliches Bitten, dass die Reliquie nach Konstantinopel gebracht wurde, wo der Kaiser eine Kirche baute und sie dort beisetzte.

Nach dieser Tradition erhielt Kaiser Karl der Große diese Tuchreliquie aus Konstantinopel. In alter Zeit trug die Reliquie den Titel »Kleider des hl. Johannes Baptist«. Um 1400 spricht man vom Enthauptungstuch. Bei einer Ultrarot-Beleuchtung konnten wir deutliche Blutspuren im Tuch entdecken, sodass diese Deutung nicht der Wahrscheinlichkeit entbehrt.

Auf die Tradition, dass das Haupt des Johannes in der Umayyaden-Moschee in Damaskus verehrt wird, sei hingewiesen. Johannes wird von den Muslimen hoch verehrt und sogar als Prophet angesehen. Die Berührung seines Grabes bringt »Baraka«, Segen, und es ist darum viel besucht. Wie diese Traditionen zueinander gehören, ist (noch) unklar.

Das Lendentuch Christi, mit dem der Gekreuzigte bekleidet war, ist die wichtigste Herrenreliquie. Es handelt sich um ein grobes Leinengewebe von weißlicher Farbe, das aus einem Unterkleid abgerissen wurde und behelfsmäßig zugeschnitten erscheint. Das lassen zwei Einsätze vermuten, deren Nähte zum Teil noch erkennbar sind. In seiner jetzigen Beschaffenheit bildet das Tuch ein unregelmäßiges, oben stumpf abgerundetes Dreieck. Es ist blutdurchtränkt, stellenweise verklebt durch geronnenes Blut. Lediglich die unteren Enden sind weißlich, wahrscheinlich weil es damit zusammengebunden war.

Der Evangelist Johannes berichtet von der Kreuzigung, dass die Soldaten Jesu Kleider nahmen und vier Teile daraus machten, sodass jeder Soldat einen Teil erhielt. Um den in einem Stück gewebten Leibrock warfen sie das Los (Joh 19, 23 f.). Dieser nahtlose Rock wird in Trier verehrt.

Das Lendentuch wird in den frühen Jahrhunderten nicht als solches erwähnt, was verwundert, da in den alten Verzeichnissen die Grabtücher, die Windeln, der ungenähte Rock, das Kleid Mariens und anderes erwähnt werden.

Ein byzantinischer Reliquienkasten, der aus mehreren Behältnissen bestand, verzeichnet den Inhalt mit griechischen Bezeichnungen. Danach enthielt er Hauptreliquien des Herrn: Tücher vom Grabe, Teile des Purpurmantels, Teile der Dornenkrone, einen Schwamm und ein Tuch, bezeichnet als »Leintuch Jesu Christi«. Da es mit den Stoffreliquien aufbewahrt wurde, die mit Tod und Auferstehung Jesu zu tun haben, darf vermutet werden, dass dieses »Leintuch« das Lendentuch des Herrn ist. Seine deutlichen Blutspuren weisen darauf hin.

Wann das Tuch nach Aachen kam, ist ungewiss. Immerhin bezeichnet es Angilbert, der Schwiegersohn Karls des Großen, durch das Wort »de sepulcro«. Sicher ist, dass sich das Leintuch 1095 weder in Jerusalem noch in Konstantinopel befand, da es sich wie das Marienkleid nicht mehr in den Reliquienverzeichnissen findet. Deshalb dürfte die Vermutung richtig sein, dass Karl der Große das Lendentuch erhielt.

Das Corsendonker Manuskript enthält folgende Erwähnung: »Karl der Große hat für seine Kirche erworben das Leintuch, womit Christus, der Erlöser des Menschengeschlechtes, am Kreuz bekleidet und beim Sterben um seine Lenden umgürtet war. Dieses Tuch hat das Blut Christi, das aus seinen Wunden, aus Herz und Seite reichlich geflossen, in vollster Weise selbst geweiht.«

Unter dem Titel »Lendentuch« nennt es das Aachener Reliquiarverzeichnis von 1192, weiterhin eine Chronik aus dem Jahr 1236: »Illud linteamen, quo succinctus fuit Jesu Christi in cruce, respersum eius sanguine« (Das Tuch, womit der Herr umgürtet war, besprengt mit seinem Blut). Die Blutspuren sind eindeutig, wie wir bei der Beleuchtung mit ultraviolettem Licht deutlich sehen konnten. Im 17. Jahrhundert gibt es eine Diskussion, wie es möglich sei, dass der Jude Jesus das Lendentuch, ein Stück einer römischen Tunika, trug. Offensichtlich achtet der römische Hauptmann Longinus das Recht der Juden, nicht nackt gekreuzigt zu werden, und hat von den Soldaten ein Stück ihrer Tunika genommen.

Mit dem Lendentuch des Herrn werden bei den Pilgergottesdiensten und Zeigungen die Pilgerinnen und Pilger gesegnet, und den Kranken wird es auf den Kopf gelegt, damit sie so schauend, berührend und glaubend unserem Erlöser begegnen.

Die biblischen Heiligtümer von Kornelimünster

Quelle:
Manfred Müller,
Die biblischen Heiligtümer von Kornelimünster, o.J.

In der Propsteikirche St. Kornelius von Kornelimünster werden drei Herrenreliquien verehrt, die König Ludwig der Fromme, Sohn Karls des Großen, im Jahr 817 dem Gründer der Reichsabtei Benedikt von Aniane schenkte. Er dürfte sie dem Reliquienschatz Karls des Großen in der Aachener Münsterkirche entnommen haben und die Reliquien ein Geschenk des Patriarchen »vom Ort der Auferstehung des Herrn« sein, von dem die fränkischen Reichsannalen 799 berichten.

Es handelt sich um das Schürztuch Jesu Christi (Linteum Domini), mit dem nach der Tradition Jesus im Abendmahlssaal den Jüngern bei der Fußwaschung die Füße abgetrocknet hat (vgl. Joh 13, 5). Es ist 2,3 Meter lang und unterschiedlich breit. Die Breite beträgt 1,28 Meter bzw. 0,95 Meter. Zu verschiedensten Zeiten sind kleine oder größere Stücke herausgeschnitten worden. Es ist von gelblicher Farbe.

Länge und Form des Schürztuchs lassen darauf schließen, dass es zur Umgürtung diente. Es ist eine Musterung eingewebt. Es besteht aus einem einfachen Kreuzgewebe von starken Leinenfäden. In der Mitte weist es einen größeren dunklen Flecken auf, der im Volksmund als Judasfuß bezeichnet wird und der schon in einem Abdruck von 1468 erkennbar ist. In der Bibliothek der ehemaligen Abtei

St. Gallen hat man ähnliche Stoffe gefunden, in denen eine ägyptische Mumie eingewickelt war.

Das Schürztuch verbindet uns mit dem Geschehen des Gründonnerstag, wo Jesus sich zum Knecht aller macht und den Sklavendienst der Fußwaschung an den Jüngern tut und uns aufträgt: »Ein Beispiel habe ich euch gegeben, damit auch ihr tut, was ich an euch getan habe.« (Joh 13, 15) Wir sollen einander lieben, wie er uns geliebt hat: »Die Liebe tut solche Dinge.«

Das zweite Heiligtum ist das Grabtuch Jesu Christi (Sindon munda). Es ist 1,80 Meter breit und 1,05 Meter lang. Ein kunstreich gewirktes Tuch, einer Zierdecke gleich. Nach der Tradition ist es das Tuch, auf das Jesus nach der Kreuzabnahme gelegt wurde. Es kann aber auch die Zierdecke sein, die im Grab verwandt wurde.

Wir erkennen auf dem Grabtuch Symbole und Zeichen, die auf den kultischen Ursprung verweisen. Das Muster zeigt größere und kleinere sechseckige Figuren, die mit quadratischen abwechseln. In größeren, langgezogenen Rechtecken erkennt man in der Mitte ein schräges Kreuz, das von einem Quadrat umgeben ist. Dieses schräge Kreuz ist schon im Sonnenkult der asiatischen Völker vorhanden. Es findet sich auf älteren Münzen sowohl im Kaukasus als auch im Taurusgebirge, im Himalayagebirge sowie in den ältesten Monumenten vorchristlicher Kultur in den Alpen und in den Pyrenäen.

Dieses Schrägkreuz ist Symbol des Sol-Ogenius, des Phoebus Apollo, d.h. des Sonnengottes. Es ist eingefasst in ein Viereck, das wiederum eingefasst wird von einem Rechteck, dessen Fläche gepunktet erscheint. Das offene Viereck bedeutet die Erde, das größere, länglich gepunktete Rechteck stellt den Himmel dar. Die vier Tiere im Umfeld des großen Rechtecks versinnbilden die vier Jahreszeiten oder die vier Elemente. Zum Stoff des Grabtuchs ist zu sagen, dass er in der Art der heutigen Samtweberei aus feinem Byssusleinen hergestellt ist.

Die Hälfte des Grabtuchs wurde nach der Tradition unter Karl dem Großen in »sein« Kloster Compiègne in Frankreich gebracht, wo es später einem Brand zum Opfer fiel. Als Gegengabe erhielt das Kloster Inda die Schädeldecke und das Armreliquiar des hl. Papstes Cornelius. Langsam änderte sich der Name »Kloster Inda« in »Münster des hl. Cornelius« bzw. Kornelimünster. Die Verehrung dieses Papstes erhielt immer größere Bedeutung. Das Turiner Grabtuch ist im Unterschied zum Tuch von Kornelimünster das Tuch, in das der Leichnam Jesu gewickelt war.

Nach der Tradition wurde der Leichnam Jesu nach der Kreuzabnahme auf diese Zierdecke gelegt, in der die vielen Symbole heidnischer Mythen, religiöser Vorstellungen, Hoffnungen und Erwartungen eingewebt sind. Hinter diesen Symbolen und Erwartungen steht die uralte Frage der Menschheit nach dem Sinn des Lebens, nach dem Sinn des Leidens, des Sterbens und des Todes. Das Grabtuch erinnert uns daran, nicht unsere Leidensgeschichte und die Leidensgeschichte der Menschheit zu vergessen, sondern das Leiden des Herrn zu unser aller Heil zu verstehen.

Von hoher Bedeutung ist das dritte Heiligtum, das Schweißtuch Jesu Christi (Sudarium Domini). Es ist das Tuch, das im Grab das Haupt des Herrn bedeckte und am Ostermorgen zusammengefaltet an einem besonderen Ort lag (Joh 20, 7 ff.). Es hat nichts zu tun mit dem Schweißtuch der Veronika.

Das Tuch, ein Byssusgewebe, ist von äußerster Feinheit. Es ist 4 x 6 Meter groß und 16 Mal gefaltet.

Der Byssusstoff gehörte zu den kostbarsten Leinengeweben neben Purpurstoff und Gold. Reste von Byssusstoffen finden wir bei der Einwicklung der Mumien in Ägypten. Es war in der jüdischen Tradition der damaligen Zeit nicht unüblich, das Gesicht bzw. den Kopf der Toten mit einem wertvollen Tuch zu bedecken. Die Durchsichtigkeit und Feinheit des Tuches ließ die Gesichtszüge des Verstorbenen noch erkennen, auch wenn sein Haupt durch Byssusbinden abgedeckt war.

An zwei berühmten Stätten wurde in der Antike Byssus gewoben, im syrischen Antiochien und im ägyptischen Alexandrien. Mit großer Wahrscheinlichkeit stammt das Schweißtuch Jesu aus den Werkstätten von Antiochien.

Das Schweißtuch, das gefaltet an einem besonderen Platz im offenen Grab lag, wird Hinweis auf die Auferstehung. Karfreitag mündet in den Ostermorgen. Und Johannes begreift angesichts der Leinenbinden und des Schweißtuchs intuitiv: Der Herr lebt, er ist auferstanden. »Er sah und glaubte« (Joh 20, 8). Am leeren Grab war auch Ratlosigkeit und Furcht. Am Ende aber steht siegreich der Osterglaube: Er ist auferstanden. Er lebt und wir mit ihm.

Das Tischtuch des Herrn in Mönchengladbach

Erst seit dem 14. Jahrhundert wird im St.-Vitus-Münster zu Mönchengladbach, der Kirche der Benediktiner, ein Stück des Tischtuches des Herrn verehrt. Es ist ein 30 x 60 Zentimeter großes Leinentuch mit gelbweißen und dunkelbraunen Streifen.

Das Tischtuch des Herrn aus dem Abendmahlssaal verbindet uns mit dem Letzten Abendmahl des Herrn, das er als Paschamahl mit seinen Jüngern hielt, in dem er seinen Tod am Kreuz aus Liebe zu uns vorausdeutet und uns in Brot und Wein seinen Leib und sein Blut gibt zu immerwährender und liebender Gemeinschaft und bleibendem Gedächtnis (Mt 26, 20-29 parr.).

Lauda, Jerusalem, Dominum, lauda Deum tuum, Zion

Gebet der Ritter vom Heiligen Grab

Vergewisserungen in Israel
22. Juli bis 6. August 2004

Im Gedenken an
Professor P. Dr. phil. Edilbert Schülli OFM Cap
1929-2004
Philosoph, Krankenhausseelsorger,
Krippenbauer und Freund

Nach der heiligen Messe in St. Trudpert/Münstertal (Donnerstag, 22. 7.) im Gedenken an die heilige Maria von Magdala, aus deren Seele der Herr sieben Dämonen ausgetrieben hat (Lk 8, 2), die befreit treu in die Kreuzesnachfolge trat und zur Erstzeugin der Auferstehung wurde, brechen wir, die Bischöfe von Münster, Vechta und Aachen, auf zur Fahrt ins Heilige Land. Kurz nach 14.20 Uhr startet die El Al vom Frankfurter Flughafen und fliegt über München und Wien, Ungarn und Griechenland, Mittelmeer und Zypern nach Tel Aviv. Die Kontrollen sind erträglich – nur die Skistöcke, die Bischof Reinhard wegen seiner Meniskusoperation mitgenommen hatte, mussten eigens verpackt und bei »Lost & Found« abgeholt werden.

Pater Jürgen fährt uns nach Jerusalem. Pater Elias weist uns ein. Mein Zimmer heißt »Phoebe« nach jener geschäftsreisenden Frau, die Paulus als »Schwester« im Glauben und »Diakonin« in Kenchrea bezeichnet (Röm 16, 1 f.), die von der feministischen Theologie gern als Gemeindeleiterin gedeutet wird. Wie dem auch sei, sie war eine vernünftige Frau, die Paulus erst einmal zum Frisör schickt, nachdem er das Gelübde abgelegt hatte (Apg 18, 18). Auf der Dachterrasse beim Ausklang des Anreisetages treffen wir Volontäre, einen Hildesheimer Diakon und einen Krefelder.

Froh, in Jerusalem zu sein, klingt in meinem Herzen auf:

> Lauda, Jerusalem, Dominum,
> lauda Deum tuum, Zion.
> Hosanna, Hosanna, Hosanna
> filio David.
> Lobe, Jerusalem, den Herrn,
> lobe deinen Gott, Zion.
> Es sei Lob, es sei Lob, es sei Lob
> dem Sohne Davids.

(aus: Miles Christi. Gebet- und Gesangbuch der deutschsprachigen Statthalterei im Ritterorden vom Heiligen Grab zu Jerusalem 1998, 133)

Am Morgen (Freitag, 23. 7.) erster Gang durch den Suk zur Anastasis. Sie ist die erste Kirche der Christenheit mit Golgatha und Heiligem Grab, mit Kreuzauffindungskapelle und Salbungsstein. Hier wird im Gebet der gekreuzigte und auferstandene Herr lebendige Gegenwart. Trotz aller Jahrhunderte dauernden Konfliktstoffe zwischen Juden, Christen und Muslimen, zwischen Israelis und Palästinensern, zwischen Nationalitäten, Sprachen und Kulturen: Hier ist die Mitte unseres christlichen Glaubens.

Wir treffen an der 6. Station der Via Dolorosa Schwester Rose von Jesus und im österreichischen Hospiz Dr. Wilhelm Bruners.

Nachmittags führt uns der Weg zu den Borromäerinnen in der German Colony, wo uns die treue Schwester Isidora im Rollstuhl erwartet und Schwester Saveria und Daniela über die wirtschaftlichen Schwierigkeiten, die politischen Passprobleme und den trennenden Mauerbau unterrichten. Schwester Daniela hatte in einer Kindergartenpause nur ein Foto aus dem nahe gelegenen Geschäft holen wollen. Militär kontrollierte sie; sie hatte in der Eile keine Identitycard bei sich. Nur mit energischem Weigern erreichte sie es, dass das Militär zum Kloster mitging, Gewehre im Anschlag und ständig den Vorwurf der Lüge im Munde. Die Gewehre sanken erst, als Schwester Saveria ihnen eine Erfrischung anbot.

Einmal sei ein Soldat auf die Mauer geklettert und habe auf den palästinensischen Gärtner gezielt, der – Vater von vier Kindern – sei aus Angst zwischen Sträuchern und Bäumen Haken schlagend in den Keller geflohen. Schon bald war das Pilgerhaus mit 50 Soldaten umstellt. Glücklicherweise kam Schwester Saveria vom Einkaufen zurück, die Tasche wippend vor sich und die Lippen schmal gezogen, was nichts Gutes verheißt – und hat Ordnung geschaffen, sodass die Soldaten abzogen. So reihen sich Geschichten über Schikanen und Belästigungen, die erfahren lassen, wie schwer es Ordenschristen im Heiligen Land haben.

Am Samstag (24.7.) um 6.00 Uhr Messe im Heiligen Grab: »Christus ist auferstanden.« Es ergreift mich zutiefst, an diesem Ort Eucharistie zu feiern, wo seit frühesten Zeiten das Ereignis der Auferstehung erinnert wird, das Angelpunkt unseres christlichen Glaubens und unserer christlichen Hoffnung ist. Der Marmor im Heiligen Grab erinnert an unseren Aachener Karlsthron, der aus demselben Marmor stammen soll.

An der Mauer: Beim Frühstück an der 6. Kreuzwegstation treffen wir auch zwei Kleine Schwestern Jesu aus Gaza, die den Gazastreifen nur im Wagen des Französischen Botschafters verlassen konnten, um an den Exerzitien mit Kardinal Martini im Abu Gosh teilzunehmen. Mit den Schwestern geht die Fahrt nach Abu Dis, wo die Soeurs du Notre Dame des douleurs 25 alte Personen pflegen, ganz auf Spenden angewiesen, z. B. den alten melkitischen Pfarrer, dessen Kopf gespalten war. Unmittelbar vor dem Eingang erhebt sich die neue Betonmauer, 9 Meter hoch, die Schwestern abschneidend von ihrem palästinensischen Bäcker und Fleischer, von Handwerkern und Hilfskräften – mit dem Ergebnis, in Israel alles vierfach bezahlen zu müssen, was sie in die finanzielle Krise treibt. Französische Freunde und Ritter vom Heiligen Grab helfen.

Wir fahren an verschiedene Stellen der Abgrenzungsmauer. Am Fuß des Ölbergs werden Ländereien in verschiedenem Kirchenbesitz tangiert bzw. durchschnitten. Wir sehen Tränen in den Augen der Menschen, wenn sie erzählen, wie morgens die Bulldozer ohne Ankündigung kommen und alte Ölbäume, ihre Lebensgrundlage, einfach ausreißen und Militärs das Gebiet beschlagnahmen. Hier handelt Israel nach Militärrecht, nicht nach dem Recht bei zivilen Enteignungen. Leider ist auch der Vatikan nicht mit Protest präsent. In Bethlehem ist den beschaulichen Emmanuelle-Schwestern der Zuweg genommen worden. Man hat ihnen einen neuen Weg geschaffen, indem man ihn dem Kloster der Heiligen Familie abgeschnitten hat.

In Bethphage kommen wir an eine Absperrung, wo eine Straße durch aufgetürmte Zementblöcke und Steine verschlossen ist. Die palästinensischen Menschen klettern gefährlich über die Mauer, Frauen mit Körben zum Einkauf, junge Menschen zur Arbeit, ein Vater mit einem kranken Kind, das er kilometerweit zum Krankenhaus trägt. Es sieht aus wie eine Ameisenstraße.

Das ist die Not, dass hier die Infrastrukturen des täglichen Lebens durchschnitten werden, ohne dass neue Versorgungsstrukturen aufgebaut wären. Darunter leiden die Palästinenser unsäglich. Diesen sozialen Aspekt des Mauerbaus haben die Urteile des Obersten Gerichtshofes Israels und des Europäischen Gerichtshofes im Blick, die den Mauerbau verbieten oder teilkorrigieren wollen. Papst Johannes Paul II., krank und alt, hat es prägnant auf den Punkt gebracht: »Israel braucht keine Mauern, Israel braucht Brücken.«

Freilich muss man zugeben, dass die Selbstmordattentate zurückgegangen sind und dass sich in den arabischen Dörfern langsam, langsam eine neue Substruktur mit »Tante-Emma-Läden« bildet. Dennoch kann man Völker nicht auseinandermauern und aus Sicht und Wahrnehmung ausblenden. Frieden ist nur zu schaffen, wenn beide Völker die Leiden des jeweils anderen wahrnehmen und aus Compassion eine Leidenschaft für den geschundenen anderen entwickeln. Der Zaun / die Mauer schafft keine Sicherheit. Die Berliner Mauer ist gefallen, die Mauer von Jericho eingestürzt. Gott wird diese Mauern nicht bestehen lassen. Man sieht es in Bethphage: »Mit meinem Gott überspringe ich Mauern«, betet der Psalmist (18, 30).

In Beth Jalla besuchen wir die Kleinen Schwestern Jesu, die uns eine Erfrischung reichen, und fahren weiter nach Cremisan, wo die Salesianer Wein anbauen und Ratisbonne als ihr Seminar übernommen haben. Auch das von Papst Paul VI. gegründete Zentrum Tantur für Forschung und Begegnung mit dem Judentum besteht nur noch aus einem Geistlichen und vier Bodygards; es existiert weiter in Rom als Kardinal-Bea-Zentrum (unter Prof. P. Sievers). Auch hier verschwindet christliche Präsenz im Dialog.

Wegen vieler Unfälle hatten Amerikaner eine Straße durch die Terrassengelände des Weinanbaus gestiftet. Am Tag nach der Fertigstellung rissen israelische Bulldozer die Straße ein, weil sie dort keinen Verkehr wollen. Zum Trost duftet der Thymian wunderbar, den unsere Schwester inzwischen gepflückt hat. Am Checkpoint Tantur bewegt sich nichts, sodass wir ausweichen müssen.

Am Nachmittag fährt P. Elias uns nach Ain Kerem. Zunächst besuchen wir das Kloster St. John in the Desert, wo ein Franziskaner und eine Schwesterngemeinschaft wohnen. Hierhin hat Elisabeth den heiligen Johannes gebracht, um ihn vor dem Kindermord des Herodes zu schützen, und hier ist sie gestorben.

Wir sehen Höhle und Mikweh des Johannes. Die Mönche haben von »Johannes-Honig« gelebt. Hierher kommen auch vermehrt Jüdinnen in ihren Ängsten um ihre Kinder. Kurz nach unserer Reise will ein jüdischer Forscher in der Nähe die wahre Höhle des Johannes entdeckt haben, worauf viele Funde schließen lassen.

Wir fahren zur Kirche der Visitatio in Ain Kerem. Hier begegnen die beiden schwangeren Frauen Elisabeth und Maria einander. Hier erklingt der große Lobgesang des Magnifikat, der in vielen Sprachen im Hof zu lesen ist. Hierher kommen Christinnen und Jüdinnen, um für

Schwangerschaft und Geburt zu beten. Der Brunnen der Krypta spricht für die Echtheit dieser Begegnungsstätte.

In Abu Gosh begegnen wir den Konventen der französischen Benediktiner und Benediktinerinnen, deren dreistimmigem Vespergesang mit Lucernarium und Zungenreden wir lauschen. Letzteres mündet in die Melodik des Magnifikat. Durch den wunderschönen blühenden Garten waren wir ins Haus gelangt, wo uns der für die hebräischen Christen zuständige Weihbischof Abt Jean Baptist Gurion und die deutsche Schwester Monika begrüßen. Die Mutter des Abtes ist eine Schwester des Staatsgründers Ben Gurion.

In Abu Gosh wird die Begegnung Jesu mit den Emmausjüngern erinnert. Der Brunnen in der Krypta dieser Kreuzfahrerkirche des 12. Jahrhunderts ist der zentrale Punkt für die Echtheitsfrage. Der Tabernakel, als Bundeslade gestaltet und auf Maria hinweisend, erinnert an den Aufenthalt der Bundeslade in Kirjat Jearim (1 Sam 7, 1). Die Akustik trägt mit Klarheit und Untrüglichkeit jeden Ton und die ganze Melodie. Als Kirche im Besitz des französischen Staates hat dieser die herrlichen Fresken freigelegt. Die Szenen der drei Apsiden treffen sich im Thema des Letzten Gerichts nach den Regeln der byzantinischen Kunst, aber geprägt durch das Gedächtnis des Ortes. Da sehen wir in der Zentralapside Christus mit Adam und Eva (im roten Kleid) mit Abel (rot), David und Salomo (weiß) sowie zwei Reihen mit Heiligen, in der Südapside drei Patriarchen, die die Seelen der Gerechten empfangen, in der Nordapside die Deesis, im Schiff die Kreuzigung, die Entschlafung Mariens und die Begegnung mit den Emmausjüngern, von denen P. Vinzenz OSB hartnäckig behauptet, es sei ein Ehepaar gewesen, was mir für die Trauung von Astrid und Günter wichtig ist. Vom Emmaus der Kreuzfahrer zum Kloster der Auferstehung erzählt der Gedächtnisband.

Am Sonntag (25. 7.) feiern wir in Dormition Abbey Eucharistie. Die Gebetslehre Jesu steht im Mittelpunkt der Schrifttexte (Lk 11, 1-14). Die lukanische Komposition deute ich von der nachfolgenden Heilung eines Stummen. Wir sind die Stummen, die nicht zu Gott beten können. Ein Dämon hält unsere Seelen gefangen und macht sie in ihrer Besessenheit unfähig zu hören. Daraus entspringt die Jüngerbitte: »Herr, lehre uns beten«, lehre uns, was uns lebensnotwendig ist, dass wir dir unsere Lebensnot äußern können. Und es folgt als erstes das Grundgebet Jesu, das Vater unser, das wir aus der matthäischen Bergpredigt kennen und täglich dreimal beten.

Es ist, wie Kardinal Martini sagt, wie ein Springbrunnen mit Quelle, aufsteigendem und abfallendem Strahl. Quelle ist die Anrede »Vater«, die wir mit Jesus, in ihm und durch ihn sprechen dürfen. Wir werden mit diesem Gebet in das Beten Jesu hineingenommen, denn die Jüngerbitte um eine Gebetsbelehrung Jesu entspringt aus der Erfahrung seines vertrauten Gebets und Gesprächs mit Gott, seinem Vater.

In Jesus dürfen wir »Vater« sagen. Auf steigt der Strahl, wo es um »deinen Namen« und »dein Reich« geht. Auf uns nieder fällt der Strahl, wo es um unser tägliches Brot, um den Erlass unserer Sünden, um unsere Bewahrung in unserer Versuchung geht. Das Gleichnis von jenem Bittenden, dessen Freund um Mitternacht nicht aus Freundschaft, sondern wegen der Hartnäckigkeit Brot gibt, lehrt uns, inständig und beharrlich zu bitten. Schließlich mahnt uns Jesus zu unbedingtem Vertrauen beim Gebet; er wird geben.

Freilich wissen wir oft nicht, was wir wirklich brauchen, was uns wirklich gut tut, worum wir wirklich bitten sollen. Aber Gott weiß es. Er gibt uns seinen Heiligen Geist, den Tröster, den »dulcis hospes animae« (wie ich aus meiner Zeit im römischen Anima-Kolleg weiß). Die Gabe des Geistes ist der Geist der Kindschaft Gottes. Wir sind Kinder Gottes, Brüder und Schwestern Jesu, die zu Gott »Vater« sagen dürfen. Der Geist ist die Präsenz der Kraft Gottes in uns, es ist eben die Fähigkeit, auszuharren in einem trockenen Glauben und in einem nackten, nicht getrösteten Gebet. Der Geist ist eine Kraft, die nicht aus dem einfachen Moment eines glücklichen Zustandes unseres Geistes oder unseres Leibes kommt. Er ist die Kraft von oben, die uns erlaubt, auszuharren, zu wachen und uns zu reinigen, indem wir Kinder Gottes sind.

Wir gehen zur armenischen Jakobus-Kathedrale, die wegen Ferien geschlossen ist, und gelangen zur Wailing-Wall, zur Klagemauer, an der Juden seit 1967 beten können, dem Rest jener Stützmauer des herodianischen Tempels, dessen Plateau zu betreten Juden gehindert sind, weil man nicht genau weiß, wo der Ort des Allerheiligsten (the Holiest of Holies) ist, an dem die Bundeslade stand, den nur der Hohepriester einmal im Jahr, am Jom Kippur, zu betreten befugt war. So beten sie hier an der Mauer, intensiv, Juden in schwarzer Kleidung, mit Hut und Kippa, mit Schaufäden und Gebetsschal oder mit Kittel, pelzbesetztem Streimel und Schläfenlocken, alt und jung, Männer und Frauen getrennt, in ständiger Gebetsbewegung, unkoordiniert, lauter anschwellend, wieder abebbend, Gebetsbitten in die Ritzen der Quadern legend, das Schemah auf den Lippen:

>>Höre, Israel.
Der Ewige ist unser Gott; er ist e i n Gott.
Und du sollst deinen Gott lieben
mit deinem ganzen Herzen,
mit deiner ganzen Seele
und mit all deiner Kraft.
Und die Worte, die ich dir heute auftrage,
sollst du deinen Söhnen (Kindern)
erzählen und lehren,
wenn du dich in deinem Haus aufhältst
und auf dem Weg gehst,
wenn du ruhst und aufstehst.<<

Nach dem Mittag gehen wir noch einmal zur Anastasis. Um 17.00 Uhr holt uns Schwester Hildegard nach Qubeibeh ab mit ihrem neuen Jeep. (Er passt durchs Zionstor.) Wir passieren den Checkpoint und gelangen über eine Notstraße ins Palästinensergebiet. Die Salvatorianerinnen betreiben ein Heim für 25 bis 35 christliche, jüdische, muslimische, arabische Frauen, die aus schrecklichen Notsituationen kommen und keinerlei Hilfe erfahren.

Wir feiern im Garten die Sonntagsmesse, besichtigen den schön renovierten ersten Stock und essen zu Abend. Schwester Juditha, die ein Bein gebrochen hat, lebt nun hier, wo einst die Borromäerinnen mit dem Noviziat begannen. Liebenswürdig hat sie alles im Blick und lehrt die Volontäre, die Katzen nicht am Tisch zu füttern.

Schwester Hildegard berichtet in ihrem Osterbrief die erschütternde Geschichte einer jungen Frau, Ola, in der sich die Leidens- und Auferstehungsgeschichte Jesu heute dort fortsetzt. Sie schreibt über Ola: >>18 Jahre ist sie alt und weil sie angeblich behindert war, musste sie 16 Jahre in einer Steinhöhle verbringen, gehalten und gefüttert wie ein Tier, ohne Kleider, nur eine Decke war ihr Schutz. Seit zwei Wochen ist sie mit uns, wiegt 26 Kilogramm und hat die Größe eines achtjährigen Kindes.

Die Organisation ›Palestinian Medical Relief‹ machte uns auf das Leben dieser Frau aufmerksam und bat uns, zu helfen. Schwester Myriam, Maria, die Stationsleiterin, und ich machten uns am 2. März auf den Weg, um sie zu sehen und vor allem mit der Familie zu sprechen. Abenteuerlich war der Weg mit dem öffentlichen Taxi in das kleine Dorf Silwaed nahe Ramallah. Immer wieder standen wir vor Betonblockaden, Soldaten, die den Weg absperrten. Wir mussten zurück, neue Hügel an- und umfahren, Feldwege nehmen, sodass wir erst nach drei Stunden Fahrt in Silwaed ankamen. Zwei Sozialarbeiterinnen begleiteten uns.

Sie brachten uns über hohe Steinstufen ins Tal zu einem winzigen Häuschen, das wie ein Schwalbennest am Berg hängt. Die »United Nations Organisation« baute dieses Haus für die Familie.

Scheu wirkte die Mutter bei der Begrüßung, und unsicher waren wir. Es gab keine Sitzgelegenheit in dem – zu unserem Erstaunen – sauberen Haus. Lange saßen wir auf dem Boden und warteten ... Wir hörten, dass der Vater der fünf Kinder behindert ist und ebenfalls der Sohn, den wir sahen. Mehr erfahren wir nicht.

Die Mutter schickte den Sohn ins Dorf, um Kaffee und Tassen zu holen, damit sie uns etwas anbieten konnte – welche Armut!

Nach mehr als zwei Stunden war die Mutter bereit, uns zur Höhle zu führen, wo ihre Tochter gehalten wurde. Nicht einmal eine Tür gab es, nur ein kleines Holzfenster, das sie öffnete. Bestialischer Gestank war die erste Begegnung. Dann sahen wir ein blasses Kindergesicht mit angsterfüllten Augen. Mit den Lauten eines Tieres verschwand sie unter einer Decke, das Einzige, was ihren Körper schützte.

Die Behausung von Ola war eine Steinhöhle, kalt, ohne Licht und Luft. Durch die kleine Öffnung bekam sie das Essen, und wöchentlich leerte die Mutter einen Kübel Wasser für die Reinigung hinein. Für uns unvorstellbar, wie man so überleben kann.

›Ich vertraue euch Ola an!‹, sagte die Mutter ganz leise, umarmte und küsste mich. Tief beeindruckt, machten wir uns auf den Heimweg, mit neuen Erfahrungen. Denn plötzlich stoppte unser Kleinbus: Hinter uns eine große Menge aufgebrachter Palästinenser mit Steinen in den Händen, vor uns die Soldaten mit angelegten Gewehren.

Wir und noch einige Autos waren dazwischen. Niemand sprach, und wir beteten, dass keine Steine fliegen mögen. Unendlich lang war diese halbe Stunde des ›Dazwischen‹ von Steinen und Gewehren.

Gott sei Dank löste sich alles in Frieden auf.

Zwei Wochen nach unserem Besuch kam Ola in unser Haus. Scheu war sie die ersten Tage, und immer wieder suchte sie Schutz unter ihrer Decke. Wie sie sich wohl in Kleidern fühlt? Ola fordert uns Tag und Nacht, denn wir können sie, wenn sie wach ist, keine Minute allein lassen. Ihr Verhalten ist das eines Tieres, das 16 Jahre lernte, in einer Höhle zu überleben. Aber Ola macht große Fortschritte: Wir können ihr bereits das Essen mit dem Löffel geben, sie auf eine Toilette setzen. Sie lässt Nähe zu und ab und zu streicht sie mit ihren zarten Händen über unsere oder führt sie an ihr kleines Gesicht ...«

So werden Auferstehungen zum Leben gefeiert. Jesus sagt: »Ich lebe, und auch du sollst leben!« Wer aber wird da sein, wenn die Ordensschwestern alt werden und sterben? Wer hilft dann zum Leben?

II. Am Roten Meer

Vom 26. bis 30. Juli wollen wir in Bazata-Beach auf dem Sinai ausruhen. Schwester Bernadette hat uns bestens mit Wein und Arrak versorgt, was Allah nicht gern sieht. Bible-Land holt uns mit einem Taxi, und schon geht es aus Jerusalem heraus, die Maale Adumin hinauf, am Khan al Harthur und Nebi Musa vorbei durch die judäische Wüste, an Jericho und Qumran vorbei, am Toten Meer entlang, Ain Gedi, El Bokek, Masada, Timna, Plantagen entlang des Jordan in der Araba-Senke. Die Grenzabfertigung in Eilat-Taba ist diesmal unkompliziert.

Die Fahrt geht weiter, an der Pharaoneninsel und Torsos von Hotels und Ferienparadiesen vorbei, eine kurvenreiche Strecke zwischen Meer und Gebirge bis 10 Kilometer vor Nuweiba. Wir machen Quartier in unserer Schilfhütte unmittelbar am türkisfarbenen Roten Meer. Die Korallen sind ganz nah in ihrer bizarren Pracht, mit allerlei bunten Fischen aller Formen und Farben. Die Hitze lastet mit milden Temperaturen um 40 Grad Celsius. Das Schwimmen ist immer wieder erfrischend. So gehen die Tage mit Lesen, Schlafen und Schwimmen dahin.

Ich liebe die Sonnenaufgänge morgens um 6.00 Uhr, die ich schwimmend erlebe. Allmählich rötet sich der Horizont, verzaubert das Wasser und taucht die Berge in einen Hauch rötlicher Färbung. Dann springt der Sonnenball empor und wird schnell weiß und heiß.

> »Seht, golden steigt das Licht empor ...
> Des neuen Tages heitres Licht
> dringt tief in unsre Seele ein
> und macht, von Arglist ungetrübt,
> des Herzens Streben klar und rein ...
> So führe uns der neue Tag
> aus Finsternis zum Licht des Herrn ...
> Und jener letzte Morgen einst,
> den wir erflehn voll Zuversicht,
> er finde wachend uns beim Lob
> und überströme uns mit Licht.«

(Hymnus der Laudes, Donnerstag der 1. Woche im deutschen Brevier)

Am Abend taucht das abendliche Licht die Berge Saudi Arabiens in Farbe. Wir sehen die großen Seedampfer und träumen. Nachts kommen die Sterne, groß und nah, wegen des Vollmondes sind sie diesmal nicht so beeindruckend zu sehen.

Selbstversorgung ist angesagt. Dank Heinrichs Künsten gibt es sogar morgens Spiegeleier. Abends serviert das Haus ein Fischgericht oder eine vegetarische Mahlzeit, die vorzüglich munden. Besonders der frische Fisch aus dem Roten Meer ist ein Genuss.

Brevier, Eucharistie und Meditation begleiten die ruhigen Tage. Die Abendstunde umrankt der Arrak, dazwischen gibt es Wein, Rundfunknachrichten und Komplet. Und dazwischen Geschichten aus 1001 Nacht, Ali Baba und die 40 Räuber, Aladin und die Wunderlampe, Die Abenteuer des Kalifen Harun al-Raschid, Die Reisen Sindbads, des Seefahrers. Einmal gelingt mir die Kunst des Erzählers, dass ein Bischof dabei selig einschläft.

Am Mittwoch mache ich mit Heinrich eine Kameltour. Das Taxi bringt uns über Nuweiba zum Abzweig der Straße nach St. Katerin. Unser Kameltreiber macht uns süßen Tee. Dann geht es los. Aufstehen des Tieres und Sattel sind gewöhnungsbedürftig. Doch blaue Luft, ein guter Wind, gelber Sand und bizarr geformte Berge nehmen uns auf. Die Stille sinkt in uns ein. Der Kameltreiber hat ein Handy und gibt uns Sicherheit. Nach einer Stunde sind wir am White Cañon. Wir steigen hinab und gehen durch Sand und über Felsen. Hoch über uns zwischen den Felsen ein Streifen blauen Himmels. Wo rechts der Cañon abfällt, gehen wir geradeaus den weißen Berg hinauf und gelangen schließlich zur grünen Oase Ein Hudra. Bald erblicken wir in der Ferne unseren Driver. Er versorgt die Kamele.

Kinder kommen gelaufen und brauchen Süßes. Die Schwägerin des Drivers und weitere Frauen bereiten aus ihrer Baumküche und unseren Lebensmitteln Fladenbrot mit Tomaten, Gurken und Thunfisch. Zuerst gibt es den guten Chai (Tee). Die Kinder führen uns durch die Oase und zum Wasser. Die Frauen halten sich verschleiert abseits. Die Rast tut gut.

Nachmittags geht die Tour durch ein Tal. Der Aufstieg zum Plateau erfolgt zu Fuß, weil die Kamele auf dem Felsen rutschen können. Oben reiten wir zum Fels der Inschriften, in der Ferne geht die Straße nach St. Katerin. Dieser »Rock of Inscriptions« ist berühmt. Hier haben Karawanen, Pilger, Handelsreisende durch die Jahrhunderte Halt gemacht und diesem Felsen Namen, Bitten und Symbole anvertraut in arabischer, nabatäischer, griechischer und lateinischer Sprache, mit Kreuz und Menorah; sogar das Regenbogenkreuz taucht auf, das Dormition Abbey für sich entdeckte.

Der Ritt durch Sand und Sonne, zwischen Bergen und Steinen ist doch gewöhnungsbedürftig. Ein Bad im Roten Meer löst die lahmen Glieder.

Am Freitag geht es früh nach Eilat zurück, weil wir vor Sabbatbeginn einen Leihwagen mieten müssen, der uns mit Station in Ain Gedi an Jericho und Beth Shean vorbei nach Tabgha bringt.

Von Wüste und Totem Meer lockert sich die Landschaft nach Jericho auf; Grün taucht auf, Bananenhaine und Palmenwälder. Und schließlich sind wir im grünen Galiläa. Tiberias nimmt uns auf mit ihrer Blumenpracht der Bougainvilleen.

In Tabgha machen wir Quartier im Pilgerhaus, erhalten bei unseren Benediktinerinnen eine Erfrischung, beten in der Basilika der Brotvermehrung mit den Mönchen die Vesper.

Nach der Messe in der Basilika (Samstag, 31. 7.) im Gedenken an den heiligen Ignatius von Loyola tut das fürstliche Frühstück im Pilgerhaus nach den kargen Wüstentagen gut. Auch hier gehen die Temperaturen auf 35 bis 40 Grad Celsius.

Wir besuchen den Berg der Seligpreisungen. Hier hat Jesus Weisungen verkündigt, die heute noch hoch aktuell sind und unser Leben gestalten und verwandeln können. Eine Weisung ist mit der Landverheißung verbunden. »Selig, die keine Gewalt anwenden, denn sie werden das Land erben« (Mt 5, 5). »Selig die Sanftmütigen, denn ihnen gehört die Zukunft«, übersetzt Schwester Pia Luis Lampe OSB. Jesu Botschaft ist hochaktuell in einem Land, das voller Gewalt ist. Die Zukunft auch in Israel gehört denen, die Gewalt verhindern, die Kette der Gewalt durchbrechen, die dem Leben Gestalt geben wollen.

Jesus bringt die neue Gerechtigkeit, den umfassenden und umwandelnden Frieden. Er zeigt uns die Quellen in Liebe, Sanftmut, Erbarmen, Friedenstiften und Leidensbereitschaft auch hier. Gegenüber den drei Mordtaten politischer Führung, dem Kindermord in Bethlehem, der Hinrichtung Johannes des Täufers und der Kreuzigung Christi, vertritt das Evangelium eine herrschaftskritische Position. Jesus selbst ist das Vorbild der Sanftmut (Mt 11, 29; 26, 53), und daher ist das Evangelium, das mit der Passion endet, eine exemplarische Darstellung dieser Botschaft, geboren wohl im beständigen Gebet in der Eremos-Höhle und überhöht und bestätigt durch die Auferstehung.

Die Primatskapelle erinnert an das Glaubensbekenntnis des Petrus und die Verheißung des Herrn (Joh 21). Hier war der auferstandene Herr.

Die orthodoxe Kirche in Kapernaum zeigt in ihrer Ausmalung all die Szenen des Lebens Jesu am See, auch wie der nichtschwimmende Petrus nach der Auferstehung schwimmen kann.

Protzig hebt sich Domus Galilaea auf dem Berg. Deshalb gehen wir in den tiefen See, wo einst der Hafen von Kinneret lag.

Am Nachmittag sehen wir Tell Hadar, den Ort der zweiten Brotvermehrung, der leider wieder verwildert. Hier im Gebiet der Heiden ist der Ort Misereors, »Mich erbarmt des Volkes«. Und Jesu heilendes Handeln hat missionarische Wirkung. »Und sie (die Heiden) priesen den Gott Israels« (Mt 15, 31).

Wir fahren den Golan hinauf, wo der Ophir einen weiten Blick über den See gewährt und etwas südlich die Peace Vista. An Gamla vorbei geht es heim. Lavinia hat uns Arrak geschenkt und Joseph frisch gepflückte Mangos.

Am Sonntag morgen (1. 8.) feiern wir Messe in Dalmanutha. Kohelet verweist uns auf die Vergänglichkeit von Besitz, Arbeit und geistigem Schaffen. »Nur ein Windhauch, nur ein Windhauch, alles ist nur ein Hauch« (Koh 1, 2). Was bleibt? Paulus gibt die Antwort: Ihr seid mit Christus auferweckt: darum strebt nach dem, was im Himmel ist, wo Christus zur Rechten Gottes sitzt« (Kol 3, 1). Und Jesus warnt in bildhafter Sprache vor den Gefahren des Reichtums, wie der Reiche immer größere Scheunen baut, um Schätze zu horten. Noch in der Nacht wird von ihm das Leben gefordert. »So geht es jedem, der nur für sich Schätze sammelt, aber vor Gott nicht reich ist« (Lk 12, 21).

Nach der Messe sitzen wir im Garten bei den Mönchen und erzählen. Am Nachmittag besuchen wir in Tiberias das Grab von Rabbi Meir Baal ha-Nes (der Erleuchter, der Wunder wirkt). Als die Römer nach dem Bar Kochba-Aufstand das Thorahstudium verboten, wurden die Rabbis Aquiba und Hananya ben Tradyon, Rabbi Meirs Schwiegervater, Märtyrer ihres Glaubens. Rabbi Meir aber floh auf Drängen Rabbi Aquibas nach Babylon und erneuerte jüdisches Studium und den Sanhedrin (oberstes jüdisches Gericht). Er begann das mündlich überlieferte Gesetz zu sammeln, das Grundlage des Talmud wurde.

Über der Grabeshöhle des Rabbi Meir sind zwei Synagogen gebaut, die weiße für die sephardischen Juden, wo es laut und lebhaft hergeht, und die blaue für die askenasischen Juden, wo man weniger Betrieb und mehr distanzierte Haltung antrifft.

Rabbi Meir lebte in der Mitte des 2. Jahrhunderts. Die Römer hatten den Bar-Kochba-Aufstand blutig niedergeschlagen, Jerusalem und den Tempel endgültig zerstört, auf das Studium der Thorah und die Beachtung der jüdischen Gesetze die Todesstrafe gesetzt. Rabbi Aquiba hatte die Missachtung des Thorahverbots mit dem Tode bezahlt. Mit eisernen Kämmen hatten die Römer seinen Leib zerfleischt. Dennoch sprach er zur festgesetzten Abendstunde das Shema, das Leben aushauchend bei dem Grundbekenntnis von der Einheit und Einzigkeit Gottes: »Höre, Israel! Der Herr ist unser Gott. Der Herr ist einzig.«

Zu den erschütterndsten Geschichten des Talmud gehört der plötzliche Tod beider Söhne Meirs am Sabbatnachmittag, als er in der Synagoge war. Brurja, seine tapfere Frau, trug die Söhne auf den Speicher und bedeckte sie mit einem weißen Laken. Rabbi Meir kam heim und fragte mehrfach nach seinen Söhnen; Brurja wich aus, ließ ihn erst die Hawdala, das Abschiedsgebet vom Sabbat, sprechen und den Becher Wein trinken. Als er wiederum fragt, kommt sie mit der Gegenfrage: »Vor einiger Zeit kam jemand und vertraute mir einen kostbaren Schatz an, und jetzt fordert er ihn von mir zurück; muss ich ihn zurückgeben?« »Welche Frage!«rief Rabbi Meir, »Dachtest du im Ernst daran, etwas für dich zu behalten, was dir nicht gehört?« Da nahm sie ihn an der Hand und führte ihn ans Totenbett und hob wortlos das Laken auf. Der Rabbi weint, und Brurja tröstet ihn.

Rabbi Meir, der Lichtbringer, der den Zusatztitel ha Baal ha Neß, der Wundertäter, trägt, ist eine »sanfte, ausgeglichene Natur, ein wenig verloren in der Welt, und er steht völlig hilflos diesem Schicksalsschlag gegenüber. Sein eigentliches Zuhause ist das Lehrhaus. Er vergräbt sich in seine Bücher, glaubt an Gott und unterwirft sich seinen Gesetzen« (E. Wiesel). Brurja ist selbstständig, gelehrt und gefürchtet. Rabbi Meir befreit mit Zistra eine Schwägerin aus dem Hurenhaus, in das die Römer sie wegen der Treue zur jüdischen Tradition gesteckt haben. Seine Überzeugung ist: »In Israel leben, die heilige Sprache sprechen und das Schema beten, das genügt, um die Pforten des Paradieses zu öffnen.« Er war Lehrer in Israel in schwerer Zeit. Die beiden betenden Synagogen halten das Andenken dieses geliebten Lehrers und seiner tapferen wie gefürchteten Frau wach.

Wir fahren durch Tiberias und suchen den alten Friedhof. Wir gedenken des Rabbi Moses ben Maimon, kurz »Rambam« genannt. Er wurde 1135 in Cordoba geboren, floh nach Ägypten und starb 1204 in Fustat bei Cairo, also vor 800 Jahren. Er wurde Leibarzt des Sultans Saladin in Cairo. Dank der Genizah (Oberkammer) der alten Synagoge wissen wir wertvolle Details aus seinem Leben, seine Sprachenkenntnisse, seine Verbindungen bis Indien, China und Europa, seine Kenntnisse und vielen Wissenschaften. Zehn Jahre hat er an seinem Hauptwerk Mischneh

Thorah (Wiederholung der Thorah/14 Bücher) gearbeitet und die jüdische Lehre systematisch erfasst.

Bis heute ist auch sein »Führer der Verwirrten« eine Orientierungshilfe für viele. Er war sehr bewandert in griechischer Philosophie und kannte besonders Philo. Er suchte Glauben und Wissen zu versöhnen. Er war ein klarer Denker und Universalgelehrter unter muslimischer Herrschaft.

Wie Avicenna und Averroes mit ihrer Aristotelestradition westliche Denker des 12. Jahrhunderts beeinflussten wie Thomas von Aquin, so tat es Maimonides in seinem muslimisch-arabischen Kulturkreis. Seine 15 Glaubensartikel stehen, obwohl nicht verbindlich, in jedem Sidur (Gebetbuch). Im Jahr seines Todes eroberten Kreuzzugsritter in einem unglaublichen Morden und Beutezug Konstantinopel. Es war der damalige »clash of civilisations«. Wenn Maimonides auch in Cairo gelebt hatte, sein Leib sollte in Tiberias, der damaligen »Hauptstadt« des Judentums, begraben sein. Das Kamel, das ihn trug, lief ohne Rast bis Tiberias, wo er auf dem alten Friedhof ruht.

Berühmt ist hier auch das Grab des Rabbi Jochanan ben Zakkai. Er lebte in äußerst bedrängter Zeit. Der Aufstand gegen die Römer kam zum Erliegen. Jerusalem war von römischen Legionen eingeschlossen. Rabbi Jochanan wusste, dass Jerusalem am inneren Zerfall, an sittlicher Dekadenz und an Glaubenslosigkeit zugrunde ging. Mit Freunden ersann er die List, sich im Sarg aus der Stadt Jerusalem tragen zu lassen, was gelang. Er kam bis zum römischen Feldherrn und späteren Kaiser Vespasian. Doch Rabbi Jochanan bat nicht um Schonung Jerusalems – die heilige Stadt und der Tempel Gottes wurden dem Erdboden gleichgemacht und völlig zerstört.

Rabbi Jochanan bat, in Javne eine Akademie gründen und Thorah studieren zu dürfen. Er hat nicht Tempel und Kult gerettet. Er hat die Thorah und ihr Studium gerettet. Er hat dadurch die Sehnsucht nach Jerusalem gerettet. Er hat die Pfeiler geschaffen, auf denen das Judentum nach der Zerstörung Jerusalems 70 n. Chr. bis heute beruht. Er hat die mündliche Tradition in der Mischna gesammelt, die Grundlage des Talmuds ist. Er hat mit dem Sanhedrin ein Organ geschaffen, das sich als entscheidungsfähig in Streitfragen des Judentums erwies. Er war ein umsichtiger, bescheidener, moderater Mann, der das Judentum zukunftsfähig machte. Er ist Vorbild auch für unsere Zeit.

Wir fahren auf den Har Arbel und schauen auf See und Berge. Allerdings ist die Sicht arg diesig. Unten zieht sich das Taubental hin, durch das Jesus von Nazareth in »seine Stadt« wanderte.

Am Montag (2. 8.) fahren wir durch das grüne Galiläa zum höchsten Berg Israels, dem Merom (1206 Meter) und umkreisen ihn auf dem schönen Rundweg mit vielen Ausblicken bei allerdings diesiger Sicht. Wir kommen durch das Dorf Merom und finden einen »Wallfahrtsbetrieb« wie in Kevelaer vor. Mengen von Juden in schwarzer seidener Kleidung mit Zizith, Kippa und Hut sowie Schläfenlocken. Sie kochen, essen, schlafen in Zelten. Man hört einen Prediger, laute Musik und den Bazar.

Am 33. Tag zwischen Pessach und Wochenfest (bei uns Pfingsten) wird Lag Ba'Omer gefeiert, ein froher Tag mit Lagerfeuern und ekstatischem Gesang, den 200 000 Juden als den Sterbetag des Mystikers Rabbi Simeon bar Jochai begehen. Ihm wird der Sohar, das Hauptwerk der Kabbala, zugeschrieben, das »Buch des Glanzes«, das in blendend schönheitstrunkenen Bildern, Zeichen und Symbolen die kommende Welt in Visionen und Träume fasst. Er setzt der brutalen Welt, mit der die Römer den Aufstand Bar Kochbas im Blut ersticken, Jerusalem und den Tempel verwüsten, Thorah und Studien unter Todesstrafe verbieten, sodass das Schema nur noch geflüstert wird, die Hoffnung des messianischen Traums entgegen, der kräftiger ist als die blutigen Schwerter der Feinde.

13 Jahre lebt er mit seinem Sohn in einer Höhle, verborgen den Römern, weil er ihn Thorah lehren muss. Er bezeugt durch sein Leben, dass die Hoffnung nicht sterben darf. Die Mystik ist die Kraft, die die waffengewaltige Realität Roms besiegt. Auch wir bedürfen der visionären Bilder. Und es ist nicht von ungefähr, dass die Christusoffenbarung des Neuen Testamentes mit der Geheimen Offenbarung des Johannes schließt, indem es unseren Blick auf das Himmlische Jerusalem richtet, auf die heilige Stadt, die von Gott aus dem Himmel herabkommt (Apk 21, 2), und auf den wiederkehrenden Herrn. »Ja, ich komme bald. Amen. Komm Herr Jesus.« (Apk 22, 20)

In der Synagoge sehen wir, wie unter großem Beifall und mit Bonbonstreuen dreijährigen Jungen erstmals rituell die Haare geschnitten werden nach dem Gebot »Ihr sollt euer Kopfhaar nicht rundum abschneiden. Du sollst deinen Bart nicht stutzen« (Lev 19, 27). Dieser erste Haar-schnitt ist das erste Gebot, das ein Junge erfüllen muss, und wird gebührend in Merom gefeiert.

Eine Offenbarung fand – so erzählt es ein Midrasch – in der alten Synagoge dort statt. Der Rabbi fragte den Propheten Elijah: »Wann kommt der Messias?« Elijah ant-wortete: »Geh und frag ihn selbst. Er liegt vor den Toren Roms unter den Leprakranken. Jeden Tag wechseln die Leprosen ihre Binden und entfernen sie alle auf einmal. Du wirst den Messias erkennen, weil er eine Binde jeweils ent-fernt und schnell erneuert. So kann er unmittelbar fertig sein, wenn er gerufen wird.« Der Rabbi ging nach Rom, identifizierte den Messias und fragte ihn, wann er komme. Der Messias antwortete: »Heute …«

Jahre später traf Elijah den Rabbi hier wieder und frag-te: »Was hat der Messias gesagt?« Der Rabbi antwortete: »Der Messias war ein Lügner. Er sagte, er käme heute, und das war vor einer langen, langen Zeit«. Elijah antwortete: »Der Messias erzählte dir die Wahrheit. Er zitierte aus den Psalmen« (95, 7): »Heute, wenn ihr auf seine Stimme hört!« Er wird kommen, wenn die Juden die Stimme Gottes hören.

Noch zwei weitere berühmte Rabbis aus der Zeit Jesu liegen hier begraben: Rabbi Hillel der Ältere und Rabbi Schammai. Rabbi Hillel stammte aus armer Familie und widmete sein Leben der Thorah. Er ist bekannt für seine milde, menschenfreundliche, kompromissbereite Ausle-gung der Gesetze. 350 Jahre lang haben seine Schüler den Sanhedrin bestimmt. Rabbi Schammai war dagegen streng und unduldsam, schroff und griesgrämig. Dennoch war ihr Gespräch ein Dialog der Freundschaft.

Beide gehören zusammen, wie die Geschichte erzählt. Nachdem sie drei Jahre über eine Gesetzesfrage gestrit-ten hatten, habe eine Himmelsstimme entschieden, dass beide Recht hätten, sowohl die Stimme, die die Klarheit und Wahrheit und rigide Schärfe des Gesetzes bezeugt, wie die Stimme, die den Menschen hilft, gangbare Wege des Gesetzes zu gehen. Erst in der Bezogenheit beider Stimmen leuchtet die Wahrheit auf. Ob das nicht auch für die wider-streitenden Richtungen in unserer Kirche Sinn macht?

Eine weitere Geschichte verdeutlicht die Charaktere: Ein Heide ging zu Rabbi Schammai und sagte: ich will mich deiner Religion anschließen, wenn du mir ihr Wesen erklären kannst in der Zeit, in der ich auf einem Fuß stehe.

Der Rabbi bedachte die fünf gedankenschweren Bücher Moses und alles, was im Laufe der Jahrhunderte an gelehrter Auslegung hinzugekommen war, und musste gestehen, dass er in so kurzer Zeit nicht das Wesen der jüdischen Religion erklären könne. Der Heide ließ sich nicht entmutigen und ging zur Konkurrenz, zu Rabbi Hillel. Der fand die Frage gar nicht ungewöhnlich und antwortete kurz mit der Goldenen Regel: »Behandle die anderen so, wie du von ihnen behandelt werden möchtest. Das ist die ganze Thorah, alles andere ist Auslegung. Geh und lerne.«

Joseph Kardinal Ratzinger macht das Gedankenspiel, wie es einem solchen Mann heute wohl ergehe, wenn er Theologieprofessoren befrage. Die würden wohl sagen, sie brauchten schon fünf Jahre, um ihren Studenten das notwendigste Wissen beizubringen, und kämen mit ihren Traktaten nie zu Ende. Eine so ernste Sache wie das Wesen des Christentums könne man in so kurzer Zeit nicht abhandeln.

Käme dieser Mann nun zu Jesus, würde dieser vielleicht kurz und bündig antworten: »Du sollst den Herrn, deinen Gott, lieben mit deinem ganzen Herzen und mit deiner ganzen Seele, mit all deiner Kraft und mit deinem ganzen Denken. Deinen Nächsten sollst du lieben wie dich selbst« (Lk 10, 27). Und Jesus verdeutlicht diese Weisung mit der schönen Geschichte vom barmherzigen Samaritan und sagt uns: »Geh und handle genauso« (Lk 10, 37).

Wir fahren zum Eingang des schönen Wadi Amud und machen Picknick. Jesus ging öfter den Weg durchs Wadi Amud am Merom vorbei nach Tyrus und Sidon.

Wir kommen nach Akko an der Mittelmeerküste, die Stadt, die dem Kreuzfahrerreich (1104-1291) noch blieb. Mit den alten Befestigungsmauern am Meer und mit den winkligen Gassen hat es sich den Charakter einer mittelalterlichen orientalischen Stadt bewahrt. Wir sehen die alten Karawansereien; der »Säulenkhan« steht auf den Fundamenten eines Dominikanerklosters und der Khan el-Frandji auf dem Ort des Klosters der Klarissen, die alle ihr Leben im Sarazenensturm lassen mussten. In Akko, damals Ptolemais genannt, besuchte Paulus auf seiner letzten Reise nach Jerusalem die Christengemeinde (Apg 21, 7). Franziskaner betreuen die heutige Gemeinde in der Nachfolge des heiligen Franz, des »Kreuzfahrers ohne Waffen«.

Wir steuern auf Haifa zu. Die israelischen Städte werden so charakterisiert: »In Haifa wird gearbeitet, in Tel Aviv getanzt, in Jerusalem gebetet.«

Wir gelangen auf den Karmel und landen nach Durchfahrt der Drusendörfer Isfiya und Daliat el-Karmil in Muchraka, dem »Ort des Brandes«, 514 Meter hoch mit einem schönen Panoramablick. Hier lebt die Erinnerung an den feurigen Propheten Elijah, der das Feuer Gottes vom Himmel auf sein Abendopfer herabrief, nachdem er die 450 Baalspriester verspottet und dann am Kishon hatte lynchen lassen. Der Tell el Kassis, der »Priesterhügel«, erinnert daran (1 Kön 18).

Das Volk aber ließ sich von diesem Gottesurteil zur Umkehr bewegen. Es warf sich nieder und bekannte: »Der Herr ist Gott, der Herr ist Gott« (1 Kön 18, 39). Elijah aber zog sich den Hass und die Verfolgung der Königin Isebel zu. »Mit leidenschaftlichem Eifer bin ich für den Herrn, den Gott der Heere, eingetreten, weil die Israeliten deinen Bund verlassen, deine Altäre zerstört und deine Propheten getötet haben« (1 Kön 19, 10). Dieser Kampf für den einen wahren und lebendigen Gott Israels fordert seine ganze Existenz.

Wenn der Orden des Karmel diese Elijah-Tradition lebendig hält und selbst der allerseligsten Jungfrau geweiht ist, dann steckt die Vorbildfunktion für Maria und den Orden darin, dass Maria mit Wort und Leib, mit ihrer ganzen Existenz Ja zur Fleischwerdung des Wortes Gottes, zur ganzen Wahrheit Gottes in Jesu Menschwerdung gesagt hat.

Abends sind wir zum philippinischen Essen bei unseren Schwestern eingeladen. Wir erzählen von den Philippinen, Israel und Deutschland.

Heute (Dienstag, 3. 8.) geht es auf den Golan nach Gamla, in das Naturreservat. Es liegt vor uns auf der Felsnase, dahingehockt wie ein Kamel (vgl. Josephus Flavius, Der Jüdische Krieg IV.1).

Hier lebten die Zeloten und verschanzten sich, zu ihnen gehörte auch der Apostel Simon. Gern entzog sich Jesus dem Zugriff des Herodes, indem er sich über den Jordan in das Herrschaftsgebiet des Philippus zurückzog, zu dem Gamla gehörte. Im Aufstand gegen die Römer 66 n. Chr. zerstörte Vespasian das Räubernest.

Wir wandern durch das Hochland zu dem verlassenen Deir Queruh (4./5. Jh.), bestaunen die vielen 4000-jährigen Dolmen, die Beduinen als Grabstätten dienten, und kommen zum höchsten Wasserfall Israels, der Frische bringt, grüne Sträucher und blühende Blumen zeigt und Vögel wie die blaue Felsdrossel beherbergt.

Die Attraktion aber ist das Raubvogelreservat, das Adler, Bussarde und 60 Paare Lämmergeier zeigt, die mit einer Spannweite von 2,70 Metern durch die Schlucht gleiten und sozusagen die »Gesundheitspolizei« der Landschaft sind, indem sie alles Aas wegfressen. Angesichts dieses Naturschauspiels kommt mir das Psalmenwort in den Sinn, das Gottes sorgende Güte preist. »Er ist es, der dich sättigt mit Gutem, solange du bist, dass sich wie beim Adler deine Jugend erneuert« (Ps 103, 5).

Das schöne biblische Bild erinnert an den Phönix, der immer aus der Asche neu hervorgeht, oder an die Mauser des Adlers. Jedenfalls ist es Gott, der unsere jugendliche Kraft erneuert (vgl. Jes 40, 31). Nun möchten die Professoren Zenger und Dohmen eher den Lämmergeier (griffon voltore) darin sehen, und obwohl der Adler 28 Mal in der Bibel vorkommt, lassen Lexikon und Konkordanz uns im Stich. Doch angesichts unserer Kultur und des Aachener Wappens bleibe ich lieber beim Adler und bitte Gott, dass er uns die Jugend erneuere wie dem Adler.

Auf der weiteren Fahrt sehen wir noch die Einstiege ins Wadi Jehudija und Zapitan.

Wir hatten Schwester Klara versprochen, ihre Salvatorian Sisters' School in Nazareth zu besuchen (Mittwoch, 4. 8.). Wir essen festlich mit den Schwestern und besichtigen die Schule, die am Hang liegt und nur nach oben gebaut werden kann. Als sie die Schule 1850 für arabische Mädchen gründeten, war dort weithin unbebautes Gelände, heute führt die Schule 1500 arabische Kinder vom Kindergarten bis zum Abitur. 100 Lehrer, ein Arzt, zwei Schulpsychologen stehen zur Verfügung; Direktor ist ein junger arabischer Christ.

85 Prozent der Schüler sind Christen, Jungen und Mädchen. Muslime kommen, Juden nicht. 95 Prozent schaffen das Abitur im ersten Anlauf, an staatlichen Schulen nur 40 bis 45 Prozent. Jedes Jahr gewinnen die Schülerinnen und Schüler hohe Preise. Die Schule hat weithin den besten Ruf. Der Staat refinanziert Lehrergehälter, aber hilft nicht bei den teuren Investitionen.

Die Hilfe der Deutschen Bischofskonferenz ist gut angelegt. 80 Prozent der Schüler kommen nach dem Abitur auf die Hochschule. Im Kindergarten lernen die Vierjährigen schon den Umgang mit dem Computer. Alle

Kinder müssen Englisch, Ivrit und Arabisch lernen, d. h. auch drei Alphabete, zwei Schriften von rechts nach links, eine von links nach rechts. Das sind schon hohe Anforderungen. Schwester Klara ist eine Spitzenkraft. Alles ist sauber und gut organisiert, macht Mut und hat Zukunft.

Auf dem Rückweg finden wir den Weg nach Deir Hanna. Leider treffen wir keine Einsiedler, obwohl die Kirche geöffnet ist.

Am Nachmittag zeigt uns Bruder Samuel das neue Beth Noah, ein wirklich würdiges Haus für behinderte Jugendliche. Abends essen und erzählen wir mit Mönchen und Leuten, die als Personal oder Gäste zum Kloster gehören.

Am letzten Tag (Donnerstag, 5. 8.) geht die Fahrt zum Norden. Tell Dan, das Naturreservat, ist erstes Ziel. Hier ist eine der drei Jordanquellen (neben Hermon und Snir), die 8,5 Kubikzentimeter Wasser in der Minute, jährlich 238 Millionen Kubikmeter Wasser ausströmt. Die Grenze war bei der Übergabe des britischen Mandats mit einem dicken Bleistiftstrich gekennzeichnet, damit aber war nicht geklärt, wem die Jordanquellen gehören sollen, sodass es 1964 zu kriegerischen Auseinandersetzungen kam.

Tell Dan war schon 2700 bis 2400 v. Chr. kanaanäisch besiedelt und hieß Laisch (Ri 18, 27-29), bevor der Stamm Dan hier siedelte. Eine alte Inschrift des 9. Jahrhunderts v. Chr. bezeugt, dass der König von Damaskus, Hasael, den König von Israel und den König des Hauses David besiegt hat (2 Kön 23, 8). Dies ist die erste außerbiblische Bezeugung des »Hauses David«.

Wir sehen ein kanaanäisches und ein israelisches Stadttor, das erste ein sieben Meter hohes Ziegeltor, das zweite ein Stadttor mit Sitz des Königs als Richter. Nach Salomos Herrschaft bedrückte König Rehabeam das Volk mit hohen Abgaben, sodass in einer Revolte das Nordreich sich 930 v. Chr. abspaltete und Jerobeam zum König machte. Dieser ließ Reichsheiligtümer in Bethel und Dan errichten. Die Politik des Königs war die Eigenständigkeit gegenüber Jerusalem und dem Tempelkult (1 Kön 12). Das Heiligtum hatte ein Goldenes Kalb und einen Opferaltar. Dan ist seit 1966 von Professor Beran ausgegraben.

Es gibt den Garten von Eden, das Paradies, von dem es heißt: »Dieser heitere Ort ist bekannt wegen seiner stillen Bäche, seiner majestätischen Lorbeerbäume und vieler lieblicher Bäume. So muss der Garten von Eden ausgesehen haben.« Man wandert auf Steinen über das Wasser, sieht die Flour mill und genießt die Aussicht unter einem alten Atlantic Pistacchio Tree.

Wir fahren nach Banias, wo ein altes Pan-Heiligtum war und in der Höhle Menschen geopfert wurden. König Philippus hat den Ort zu Ehren des Kaisers als Caesarea Philippi ausgebaut. Jesus hat hier dem Petrus auf sein Bekenntnis hin die Verheißung gegeben: »Du bist Petrus, und auf diesen Felsen werde ich meine Kirche bauen, und die Pforten der Unterwelt werden sie nicht überwältigen« (Mt 16, 18).

Wir trinken Kaffee am See in Brehat Ram und sehen die Burg Nimrod.

In der Nähe von Kuneitra bei Mont Bental liegt eine militärische Stellung, die im Jom Kippur-Krieg 1974 hart umkämpft war, als zwei israelische Brigaden sich gegen Hunderte von syrischen Panzern verteidigten. Die syrische Provinzialhauptstadt Kuneitra wurde dem Erdboden gleichgemacht und später eine neue Stadt gegründet. Die Grenze zwischen Syrien und Israel ist eine gefährlich weiche Linie.

Wir fahren heim, packen, verabschieden uns von den Benediktinerinnen und Benediktinern, feiern die letzte Vesper mit und essen zu Abend mit Herrn Weinlich, dem Geschäftsführer des Deutschen Vereins vom Heiligen Land.

In der Basilika erinnert uns das Nilometer vor der Sakristei mit seinen zehn, von unten nach oben gehenden griechischen Buchstaben an das Zehntwort, an Gottes Weisungen für ein gutes Leben. Der Kranich auf der Höhe mahnt zur Wachsamkeit im religiösen und sittlichen Leben.

Am Fest der Verklärung Christi (Freitag, 6. 8.) stehen wir um 3.45 Uhr auf. Um 9.40 Uhr ist der Flug mit El Al nach Frankfurt/Main angesetzt. Abends sind wir wohlbehalten wieder im Kloster St. Trudpert.

Heiliges Land – heillose Feindschaft, Krieg und Gewalt. Und dennoch: Die Hoffnung darf nicht sterben.

Es hat sie gegeben, die Propheten und den Jesus von Nazareth, der die selig preist, die arm sind vor Gott, die trauern und keine Gewalt anwenden, die hungern und dürsten nach der Gerechtigkeit, die barmherzig sind und ein reines Herz haben, die Frieden stiften und um der Gerechtigkeit willen verfolgt werden. Ihnen ist das Himmelreich verheißen (vgl. Mt 5, 1-11).

Es gibt sie heute: so viele gute Menschen, Juden, Muslime, Christen, Israelis und Palästinenser.

Es ist ein so gutes Land, reich genug, dass alle leben können. Das Nilometer der Basilika mahnt und gibt die Grundsätze für ein gutes Leben in Frieden und Gerechtigkeit.

So will ich mit Jesaja, dem Propheten, schließen:

>>Um Zions willen kann ich nicht schweigen,
um Jerusalems willen nicht stille sein,
bis das Recht in ihm aufstrahlt wie ein helles Licht
und sein Heil aufleuchtet
wie eine lodernde Fackel<<
(Jes 62, 1).

 **Freut euch mit Jerusalem.
Jubelt alle,
die ihr die Stadt liebt**

Jesaja 66, 10

Pilgerfahrt
nach Israel
17. bis 29. Juli 2005

Früh waren wir im Kloster St. Trudpert aufgebrochen, um den Zug in Freiburg um 5.52 Uhr zu erreichen, der uns zum Flughafen Frankfurt/Main brachte. Lästig sind die Formalitäten des Eincheckens, bis das Flugzeug um 10.30 Uhr abhebt.

Am Vortag hatten wir Unserer Lieben Frau vom Karmel gedacht und des Karmeliterordens, der die Gründung der Kirche in Gottes Erstem und Altem Bund bezeugt und die prophetische Tradition besonders des Elija in der Kirche wachhält, deren neutestamentliche Frucht die Hoffnung Israels und der Welt ist, der Messias Gottes, das fleischgewordene Wort Gottes, geboren von Maria, der Jungfrau.

In den Tagen vorher hatte sich ein weiter Regenbogen gezeigt, der vom Streicherkopf bis zum Eichboden reichte, Gottes Frieden für Mensch und Schöpfung anzeigend (Gen 9, 8-17). Ein Bussard war auf eine Maus niedergestoßen, wie die Raubvögel einst beim Gottesbund mit Abraham auf die Fleischstücke hinabgestoßen waren (Gen 15, 11).

Erbaut von den ausdrucksstarken Tänzen indischer Schwestern und von den Gebeten der Josefsschwestern brechen wir auf, landen pünktlich in Tel Aviv. Pater Elias holt uns auf der neuen Trasse nach Jerusalem ab, wo wir uns bei Vesper und Komplet, bei Abendbrot und Wein von der Reise erholen. Das Zimmer »Susanna«, das mir zugewiesen wird, erinnert an den Spruch Daniels, mit dem er Leben und Ehre der Susanna rettete (vgl. Dan 13, 2-63).

Jerusalem

Am frühen Morgen (18.7.) feiern wir mit Andacht heilige Messe auf Golgotha, und zwar am lateinischen Altar, wo der Kreuzannagelung des Herrn gedacht wird. Hier vollendet sich das Mysterium mortis Domini. Hier fragen wir uns nach dem Todbringenden, die letzte Freiheit Annagelnden und Raubenden, nach unserem Anteil daran, um aufzublicken auf den, den sie annagelten und durchbohrten (Joh 19, 37).

Schwester Rose hatte alles wohl organisiert und in der restaurierten 6. Station mit ihren Kleinen Schwestern das Frühstück gerichtet, arabisch mit Tee, Kaffee und Süßigkeiten.

Wir treiben durch den Suk mit seiner Geschäftigkeit und vernehmen an der Klagemauer den Klang der Widder-

hörner und der Trommeln, den Tanz der Betenden um die
Thorah, offensichtlich Bar-Mizwah-Feiern, wie es hieß. Es
wird heiß.

Nachmittags machen wir einen Solidaritätsbesuch im
Charles' Hospiz, wo die Borromäerinnen ein schönes
Anwesen pflegen. Dankbar können wir singen:

>Lobe, Jerusalem, den Herrn.
Singe, Zion, deinem Heiland.
Stimme Dank und Jubel an.«

Unser nächster Solidaritätsbesuch (19. 7.) gilt den Englischen Fräulein im Paulushaus und der Schmitt-Girls-
School, die gerade einen neuen Direktor erhält, eine
Schule mit 20 Prozent Christen und 80 Prozent Muslimen. Wir besichtigen das erneuerte Haus und genießen
den Panoramablick über die Heilige Stadt. Die Schwestern
stellen sich tapfer den jeweils neuen Herausforderungen
durch die politische Lage. Die Intifada hat Schule und
Haus sehr zugesetzt durch tägliche Behinderungen.

Am Nachmittag gehen wir bei den Armeniern vorbei zur Anastasis und nehmen an der Prozession der
Franziskaner teil. Am Abend sind wir zum Essen bei
den Kleinen Schwestern Jesu eingeladen, die sich über
die Seligsprechung Charles de Foucaulds freuen, die am
13. November 2005 erfolgen soll.

Die allgemeine politische Lage nach dem Tod von Jassir
Arafat und der Übernahme der Regentschaft durch Abu
Mazen hatte leichte Friedenshoffnungen erweckt. Ariel
Sharon bleibt bei seinem Plan, die jüdischen Siedlungen
in und am Gaza-Streifen zu räumen, diesem von allen
ungeliebten Palästinensergebiet, in dem über eine Million
Araber eingepfercht sind und Hamas regiert. Wie soll
Mahmud Abbas dort ohne bewaffnete Polizei Ordnung
halten und Attentate verhindern? Bis Mitte August soll die
Räumung erfolgen.

Die Parteigänger der Siedler haben nach ukrainischem
Vorbild orangene Bänder an Autos, Häuser und Hand-
taschen gebunden, während die Sharon-Befürworter
weiß-blaue Bänder tragen. Demonstrationen, zur Gewalt
bereit, werden mit Gewalt gestoppt. Es ist ganz offen,
wie dieser Streit ausgeht, der gewaltbereite Spaltungen
zwischen Israelis und Palästinensern erzeugt. Eine mäßi-
gende Einflussnahme des Westens ist nicht zu sehen.

Die Christen sind ein dezimiertes Häuflein, in sich

uneins. Entsetzen bereitete das Verhalten des griechisch-orthodoxen Patriarchen Irenaios, mit dessen Billigung zwei Hotels am Jaffa-Tor Juden verkauft wurden und den die eigene Synode und eine Synode um den Ökumenischen Patriarchen in Istanbul abgesetzt und degradiert hat, wogegen er dem Verlauten nach ein israelisches Gericht angerufen hat. Die Scham der Christen über diesen Skandal ist groß.

Die Mauer ist fast vollendet, Schutzmauer für Israelis, weil sie Selbstmordattentate minimiert, Trennmauer für Palästinenser, weil sie sie vom eigenen Ackerboden und Arbeitsplatz trennt. Hier entstehen voneinander abgemauerte Gesellschaften, so dass man Gesicht und Leiden des anderen Menschen und Volkes nicht mehr wahrnimmt. So kann nicht Friede werden.

Die wichtigste Voraussetzung für Frieden im Land, wie auch immer er politisch gestaltet sein wird, ist es, das Leiden des jeweils anderen Volkes und Menschen wahrzunehmen, mitzufühlen, mitzuleiden. Die Menschenwürde ist unteilbar. Die Würde des Menschen, der daran leidet, dass er Tote (Verwandte, Freunde) zu beklagen hat, dass er Demütigungen erfuhr und in seinem Stolz verletzt wurde, muss gegenseitig wahrgenommen werden.

Die Mauer aber mauert Gesichter und Leiden weg, dass man sie nicht mehr sieht. Die Wahrnehmung von Gesichtern und Leiden aber ist der erste, der notwendige Schritt, dass Verständigung geschehen, dass Versöhnung wachsen kann. Die Mauer ist der falsche Weg. Wir Deutschen haben das durch die Berliner Mauer erfahren. Und Mauern werden fallen, wenn die Trompeten von Jericho neu erschallen. Gnade uns Gott, um welchen Preis.

Arad im Negev

Es ist das Fest des Propheten Elias (20.7.). Wir mieten uns einen Leihwagen. Unser Ziel ist für vier volle Tage Arad im Negev. Wir steuern Beer Sheva an, die Hauptstadt des Negev, und kommen durch die sanft hügelige, grün-trockene Shefela mit abgeernteten Kornfeldern, vorbei an den Philisterstädten Ashdod, Ashkelon, Gaza, Lakisch und Eglon.

Nach längerem Suchen finden wir die Old City mit Abrahams Brunnen, dem Kern dieser Stadt mit Tor und

Turm, Gouverneurspalast und Vorratshäusern, am He-
bronbach gelegen und mit einem raffinierten Wasser-
vorratssystem ausgestattet. Brunnen, Zisternen, kom-
plizierte Leitsysteme: Wasser ist lebensnotwendig, darum
ist die Regelung der Wasserrechte das erste, das dem Leben
und dem Frieden diente. Abraham hatte einst als Fremder sieben Brunnen gegraben und mit König Abimelech
eidlich das Brunnenrecht besiegelt (Gen 21, 22-34, 22, 19).
Unter Isaak gab es erneut Streit, weil die Philister die
Brunnen zuschütteten und seine Knechte neue Brunnen
gruben, sodass Isaak und Abimelech sich erneut eidlich
vereinbarten (Gen 26, 12-33).

Nelly Sachs singt von diesem Brunnen:
»Aber Deine Brunnen
sind Deine Tagebücher
o Israel!
Wieviel Münder hast Du geöffnet
im vertrockneten Sand,
die Scheibe des Todes abgeschnitten
von lebendem Leben.
Wieviel leuchtende Wurzeln der Sehnsucht
hast Du aus der Tiefe gehoben
Wieviel Gestirnen hast Du Spiegel aufgetan,
ihr Geschmeide in den dunkeln
weinenden Schlaf gelegt.
Denn Deine Brunnen
sind Deine Tagebücher
o Israel!
Als Abraham grub in Ber Seba
heftete er mit sieben Schwüren
den Namen seines Herrn
in die Heimat des Wassers.
Ihr durch das Fleisch der Erde Dürstenden
viele Begegnungen sind euch aufbewahrt
im fließenden Gebetsschrein der Brunnen
Gesicht des Engels
über Hagars Schulter geneigt
wie eine Nebelhaut
ihren Tod fortblasend.«

(in: Nelly Sachs, Fahrt ins Staublose, Suhrkamp Taschen-
buch 1985, 98 f.)

In unserer Zeit haben die Israelis Wunder in der Wasser- und Landwirtschaft erbracht, indem sie sich die Kenntnisse der Nabatäer zunutze machten, die Regenwasser durch Auffang- und Leitsysteme in Zisternen sammelten und durch Tonleitungen mit Löchern das Ackerland bewässerten. Die Israelis entdeckten in der Tiefe der Wüste große salzhaltige Wasservorräte, die sie heben und teilentsalzen und mit einem Leitsystem von gutem Jordanwasser aus dem Norden verbinden, sodass sie in der Wüste Gemüse und Früchte vielerlei Art ziehen und züchten können. Das schaffen die Stärke und der Lebenswille Israels. Das wollte auch Ben Gurion durch die eingeladenen Staatsbesuche in Sde Boker zeigen.

Wir kommen nach Arad, wo wir am Rand der Wüste mit Blick auf die Berge Moabs das »Margoa Arad Hotel« beziehen.

Unser heutiges Ziel (21.7.) ist Mamshit, sieben Kilometer östlich von Dimona. Die Ausgrabungen zeigen eine Stadt mit Tor und Turm. Das »Nabato-House« ist das größte, das Pferdeställe zeigt und schon den Übergang des Handels an die Römer signalisiert, indem die Nabatäer zur Pferdezucht übergingen und »Araberhengste« zogen. 10.500 Silbermünzen wurden dort gefunden.

Wichtig für uns sind zwei christliche Kirchen aus dem 5. Jahrhundert – weil sie zeigen, dass die Nabatäer christlich wurden. Die westliche »Niloskirche«, benannt nach dem Stifter und Erbauer, ist dreischiffig, nicht geostet, mit einem wunderbaren ornamentalen Mosaik mit Vögeln und zwei Kreuzen. Ein Nebenraum diente als Taufkapelle, wo der Täufling ins Becken stieg, untertauchte und am anderen Ende ausstieg.

Die östliche »Kirche der Märtyrer« hatte im Nartex eine riesige Zisterne. Drei Portale führen in das dreischiffige, von einem Mosaik geschmückte Kirchenschiff, wo der Platz für Altar und Ambo auszumachen ist. Die berühmte Karte von Madaba verzeichnet Mamshit und bezeugt die Bedeutung dieser Stadt am Knotenpunkt des Verkehrs zur Arava und zum Toten Meer.

Wir fahren weiter zur Ma'ale Akrabim (Scorpion's Ascent), jenem ungewöhnlich schwierigen Aufstieg am Maktesch HaGadol, an der Grenze zwischen Juden und Amoräern. Ein Gedenkstein erinnert an den großen Mord 1947 an der Palmach. Faktisch war diese Grenzscheide uneinnehmbar, wenn die, die oben saßen, es nicht wollten. Und für ein ganzes Volk mit Kriegern, Kindern und Frauen, Vieh und Tross war der Aufstieg gegen Gewalt nicht zu schaffen. Zweimal verhinderte der König von Arad erfolgreich den Durchzug Israels durch sein Gebiet (Num 20, 1; 33, 40, Jos 12, 14).

Wir erwandern einen Aussichtspunkt am Maktesch Hakatan, der uns die wilde Landschaft eines abgesunkenen Kraters zeigt und eine Vorstellung davon gibt, wie die Rotte Korach, Datan und Abiram von der Erde verschluckt sein könnte (Num 16).

Der Naturpark Ein Avdat zeigt einen geologischen Bruch der Negev-Highlands (1000 bis 1900 Meter hoch) und des unteren Teils, sodass zwischen den Felsbrüchen Wasserfälle entstehen. Seltene Pflanzen und Vögel sind zu sehen auf dem durch die Felswände schattigen Pfad. Felstauben nisten in den Wänden. Die braunen Ibexe mit geschwungenem Gehörn und Bart klettern in den Wänden und bewältigen große Höhenunterschiede mit kräftigen Sprüngen. Selbst die Jungtiere bewegen sich sicher und anmutig. Unten am Wasser kann man sie aus nächster Nähe betrachten; im sicheren Abstand fühlen sich die grazilen Tiere wohl. Ein gutes Dutzend ist zu sehen.

Das Grab des Staatsgründers David und seiner Frau Paula Ben Gurion bietet einen weiten Blick über Ein Tzin und Wüste Tzin. Ibexe begrüßen uns. Hier hatte Ben Gurion sein Landhaus gebaut, und »Ben Gurion Heritage Institut« und Universität halten sein Gedächtnis wach. Er war es, der die Gunst der Stunde ergriff und am 14. Mai 1948 den Staat Israel ausrief.

Die langen Fahrten durch bizarre Wüstenlandschaften bei Temperaturen bis zu 45 Grad Celsius lassen Wüste lebendig werden, eine schweigende Landschaft, die den Lärm der Alltage verschluckt. Wir sind gewohnt an Warnschilder mit dem Bild einer Kuh, um vorsichtig zu fahren. Hier sehen wir Warnschilder mit dem Bild eines Kamels oder einer Gazelle.

Wir fahren von Arad auf Masada zu, das seit 1971 zum Weltkulturerbe der UNO erklärt wurde (22. 7.). Wir wollten den Damm sehen, den die Römer bei ihrer Belagerung 73 n. Chr. aufgeschüttet haben. Da der Aufstieg halb im Schatten lag, wagten wir den Weg. Auf einem großen Hochplateau schützen Türme und Mauern, sichern Vorratshäuser und Zisternen den Lebensunterhalt, sorgen Synagoge und Mikwe für die religiösen Bedürfnisse.

Herodes hatte an der Nordseite drei Paläste übereinander gebaut. Die Festung mit Blick auf das Tote Meer galt als uneinnehmbar. Beim Bar-Kochba-Aufstand hatte sich hier Eleazar ben Jair mit 900 Juden verschanzt, und die Römer mit der Legio Fretensis unter L. Flavius Silva belagerten die Festung monatelang. Aber die Vorräte würden noch für lange Zeit reichen, bis die Römer den Wall aufschütteten und Sturmgerät aufbauten. In der Nacht vor dem Angriff (15. 7. 73) begingen die Bewohner kollektiven Selbstmord. Dieses Ereignis hat sich dem Gedächtnis des jungen Israel tief eingegraben. »Masada darf nie wieder fallen.« Hier werden jedes Jahr Offiziere und junge Rekruten vereidigt.

Auf der Rückfahrt sehen wir Esel und Kamele weiden. Die Kamele auf einem Bergkamm gegen das Licht geben eine klassische orientalische Silhouette.

Wir suchen den Park Shizaf auf, eine breite Ebene mit Bäumen und wohl auch Wild, das wir nicht sehen. Hier wachsen Jujube-Bäume, die aus dem Sudan stammen. Den ältesten und größten Israels finden wir nicht.

Der Sapir-Park dagegen ist ein schön angelegter Naturpark mit Palmen, Blumen und bunten Vögeln.

Unsere Fahrt geht durch den riesigen und tiefen Krater von Maktesch Ramon. Dieser gewaltige Kraterbruch zeigt schwarz-graue Stein- und Sandwüste ohne jede Pflanze. Im Gelände zeigen die Farbablagerungen, wo Kupfer und Erze zu finden sind. Hier im Negev werden Phosphate, Chemikalien und Kupfer gewonnen und auf einer alten osmanischen Eisenbahn transportiert, während am Toten Meer die Salzgewinnung hinzukommt (Dead Sea Works).

Hier kommen wir am Mount Sodom vorbei, und viele Salzablagerungen regen die Phantasie an, welche Formation die Frau des Lot sei. Wir erinnern uns, dass Abraham die drei Männer unter den Eichen von Mambre empfing und die Verheißung zahlreicher Nachkommenschaft erhielt, obwohl er und seine Frau Sara schon alt geworden waren. Die Engel wollten Sodom vernichten, und Abraham trat fürbittend für Sodom ein.

In einem orientalischen Handelsritual handelt er bei Gott ein, dass er bei zehn Gerechten die Stadt nicht vernichten werde (Gen 18). So war das Gericht durch Feuer und Schwefel Gottes beschlossene Sache – die Gegend riecht heute noch so (Gen 19). »Als die Morgenröte aufstieg, drängten die Engel zur Eile« (Gen 19, 15). Das Unheil geschieht bei Tagesanbruch. »Als Lots Frau zurückblickte, wurde sie zur Salzsäule« (Gen 19, 26). Das zeigt uns, wer immer nur zögert und immer wieder zurückblickt auf das, was einmal war – wobei man oft fragen muss, ob das, was man als das gute Alte wahrnimmt, wirklich das ist, was der verklärte Rückblick daraus gemacht hat –, wer also nur zurückblickt, der erstarrt, der versteinert, wird unflexibel und verhärtet, der wird zur Salzsäule. Das gibt es auch bei uns in einer Zeit großer Umbrüche und notwendiger Wandlungen. Das ist auch meine Not, dass viele vor den Wandlungen die Augen verschließen und nur zurückblicken.

Im »Margoa Hotel« bricht der Shabbat an. Scharen von israelitischen Familien bevölkern das Haus, in traditionelle Festkleidung gehüllt. Die automatische Tür und ein Aufzug gehen am Shabbat nicht. Erst nach den Abendgottesdiensten beginnt das reiche Mahl nach dem Gebet und Gesang laut und lärmend. Sogar wir als Gäste erhalten etwas süßen Likörwein zum Shabbat.

Am Shabbat (23. 7.) besichtigen wir Tel Arad und steuern die ägyptische Grenze bei Kadesch-Barnea an (Num 34, 4; Deut 1, 2. 19; 2, 14; 9, 23; Jos 10, 41; 14, 6-15; 16, 3). Wir halten in Shifta, einer Nabatäerstadt in byzantinischer Zeit (4. Jh.), die nicht vom Sturm der arabischen Muslime zerstört wurde. Die Stadt wurde nicht restauriert, sondern Trümmer nur weggeräumt, sodass die Struktur deutlich wird. Die Stadt wurde nicht am Reißbett geplant, sondern so konstruiert, dass das Regenwasser in Zisternen gefasst werden konnte. Tor und Turm, Markt und Häuser werden sichtbar, auch Pferdeställe, die die späte Nabatäerzeit anzeigen.

Drei dreischiffige Kirchen zeigen, dass die Nabatäer christlich wurden. Taufkapellen zeigen ein Becken mit ehemals Marmorplatten, in das der Täufling hinabstieg, bis zur Hälfte im Wasser stehend, und wieder hinaufstieg. Neben einer Kirche steht eine Moschee, die ein friedliches Zusammenleben der Religionen andeutet. An den Kirchenwänden waren Szenen des Neuen Testamentes gemalt. Eine Kirche hatte ein Kloster mit einem heiligen Mönch. Die Westkirche hat Türstürze mit einem Kreis, darin das Christuszeichen X P, oben zwei Rosen, unten das A und Ω, wie es in der Apk 22, 13 heißt: »Ich bin das Alpha und Omega, der Erste und der Letzte, der Anfang und das Ende.«

Shifta liegt an der »Gewürzstraße« (Spice-Road), die

von Petra nach Gaza führt. Bei Petra trafen sich die Seidenstraße, die von China und Indien Seide, Porzellan und östliche Kostbarkeiten brachte, und die Weihrauchstraße, die aus dem Jemen, aus Sudan und Äthiopien Weihrauch und Gold beförderte. Sie vereinigten sich zur »Königsstraße«, die von Petra nach Damaskus in den Norden führte oder als Gewürzstraße von Petra nach Gaza ging, um von diesem Hafen aus die europäischen Höfe mit Spezereien und Waren aus dem Osten zu bedienen.

Die Nabatäer waren ein Handelsvolk, das bis zur Übernahme von Herrschaft und Handel durch die Römer ein blühendes Geschäft aufbaute, mit Karawanen bis zu 2000 Kamelen und 4000 Mann Begleitung. Diese alle mussten beköstigt und mit Wasser versorgt werden. Darin liegt die Bedeutung auch von Shifta.

Tel Arad, auf den Höhen nördlich von Arad gelegen, ist eine kanaanitische Siedlung, die auch eine jüdische Zeit hat. Arad gehört zu den Städten, die dem Volk Israel den Einzug ins Gelobte Land verwehrten. »Als der kanaanitische König von Arad, der im Negev saß, hörte, dass Israel auf dem Weg von Atarim heranzog, griff er die Israeliten an und machte einige Gefangene« (Num 21, 1). Bei Joshua Bin Nun erscheint auf der Liste der Könige, die Joshua schlug, auch der König von Arad (Jos 12, 14).

Interessant ist auch die Nachricht, dass der Stamm der Keniter nach Arad abwandert. »Die Söhne des Keniters (Hobab), des Schwiegervaters des Mose, waren mit den Judäern von der Palmenstadt zur Wüste Juda südlich von Arad hinaufgezogen; nun zogen sie weiter und ließen sich bei den Amalekitern nieder« (Ri 1, 16).

Die kanaanitische Siedlung aus der frühen Bronzezeit, auch in ägyptischen Urkunden erwähnt, enthielt zwei Schwerpunkte mit Burg und Stadt, mit Tür und Tor, Vorratshäusern und Verwaltungsgebäuden. Ein heidnisches Höhenheiligtum lässt die Faszination dieser Art religiöser Präsenz erahnen. Die religiösen Autoritäten in Israel kämpften durch die Jahrhunderte gegen diese Höhenheiligtümer, den Baalskult und die Stelen der Astarten. Kupfer führte zu Reichtum. Die israelische Besiedlung und der Ausbau folgte unter König Salomon. Es wurden 100 hebräische und 90 aramäische Ostraca (Urkunden) gefunden.

Wir machen Mittagspause im Park Nizzana unter knorrigen Bäumen, bei bunten Vögeln und drei im Gehen durch Bindung behinderten Kamelen. Manchmal ist die Wirklichkeit noch traumhafter als der Traum. Barfuß kommen eine arabische Frau und ein Mann mit ungewöhnlichem Zopf. Sie holen eine Flasche aus dem Baum und machen sich damit am Wagen zu schaffen. Ein Esel gibt Laut.

Tel Nizzana beherbergt ein türkisch-deutsches Hospital, einst gebaut, weil hier die osmanische Eisenbahn herführt, die an den Suezkanal anschließen sollte. Wäre das rechtzeitig gelungen, hätte die Landkarte nach dem Ersten Weltkrieg ganz anders ausgesehen. Immerhin ist die Eisenbahn ein Meisterwerk an Technik, die Höhe und Tiefe und Wasserläufe beherrscht.

Am Samstag (24. 7.) reisen wir von Arad nach Tabgha. Wir sehen die Salz-, Mineral- und Chemikalienwerke am Toten Meer, erinnern Lots Frau, die zur Salzsäule erstarrte, grüßen Masada und halten in Ein Gedi, einem großen und herrlichen Naturpark mit seltenen Pflanzen und Tieren, besonders den zahlreichen Gazellen. Selbst der Leopard soll dort noch zu Hause sein. Wir wandern bis David's Waterfall. Oben gibt es ein erst in diesem Jahr verbranntes Gelände. Es ist ein schöner Weg, der die Erinnerung an Davids Geschichte aufruft. Hier hatte David, der Freischärler, einst dem schlafenden König Saul Trinkbecher und Speer genommen und die vier Mantelzipfel abgeschnitten, das Leben des Königs aber geschont (1 Sam 26).

Manche vermuten hier die Entstehung des Hohenliedes der Liebe, das König Salomo zugeschrieben wird. Es ist ein Liebeslied, das Israel und die Kirche auf die Liebe Gottes zu seinem Volk, auf die Liebe Christi zu seiner Kirche bezogen haben. »Mit Küssen seines Mundes bedecke er mich. Süßer als Wein ist deine Liebe« (Hld 1, 1), so beginnt das Lied, »Braun bin ich und schön« (Hld 1, 5), singt die Braut. Die Natur von Ein Gedi und die Schönheiten Israels werden in kühnen und gewagten Bildern einbezogen.

> »Wende dich, wende dich, Schulammith!
> Wende dich, wende dich,
> damit wir dich betrachten.
> Was wollt ihr an Schulammith sehen?
> Den Lagertanz!
> Wie schön sind deine Schritte in Sandalen,
> du Edelgeborene.
> Deiner Hüften Rund ist wie Geschmeide,
> gefertigt von Künstlerhand.
> Dein Schoß ist ein rundes Becken,

Würzwein mangle ihm nicht.
Dein Leib ist ein Weizenhügel,
mit Lilien umstellt.
Deine Brüste sind wie zwei Kitzlein,
wie die Zwillinge einer Gazelle.
Dein Hals ist ein Turm aus Elfenbein.
Deine Augen sind wie die Teiche von Heschbon
beim Tor von Bat-Rabbim.
Deine Nase ist wie der Libanonturm,
der gegen Damaskus schaut.
Dein Haupt gleicht oben dem Karmel;
wie Purpur sind deine Haare;
ein König liegt in den Ringeln gefangen.
Wie schön bist du, ... du Liebe voller Wonnen! ...«
(Hld 7, 1-7).

So unbefangen wird aus dem Liebeslied Israels ein Lied der Liebe zwischen Gott und seinem Volk, zwischen Christus und seiner Kirche, zwischen Gott und der einzelnen Seele. In Ein Gedi bekommen die Naturvergleiche ihre lebendige Anschauung.

Lang dehnt sich die Strecke: Checkpoint etwa bei Qumran, an Jericho, der Palmenstadt, vorbei, durch Wüsten und am blühenden Samaria vorbei nach Beth Shean. Belvoir kommt in den Blick, die Kreuzfahrerfeste (früher Kohav – der Stern – genannt), die nach dem Fall des christlichen Königsreiches Jerusalem und nach der Niederlage von Hittin noch eineinhalb Jahre Belagerung aushielt und deren Ritter ehrenvoll abziehen konnten (1189). Die gewaltige Anlage mit Graben und mehrfachen Verteidigungsringen bot einen weiten Blick über die drei wichtigen Jordanfurten, auf den Golan und das südliche Galiläa.

Wir kommen durch die Pracht der Bougainvilleen an den See Genesareth, durch Tiberias nach Tabgha, ins Pilgerhaus des Deutschen Vereins vom Heiligen Land, wo wir liebe Freunde treffen und Quartier beziehen. Die Vesper mit den deutschen Benediktinern in der Brotvermehrungsbasilika beschließt den Tag.

Galiläa

Abuna Elias Chacour aus Ibillin hatte zum Mittagessen eingeladen (25. 7.). Er hat ein großes Schulwerk gestartet, in dem Araber, Christen und Muslime, Drusen und Juden unterrichtet werden. 4500 Schülerinnen und Schüler mit 400 Lehrkräften, seit neuestem auch eine Universität, die erste israelisch-christlich-arabische Universität in Israel mit drei Fakultäten für Medien und Computertechnik, für Kommunikations- und Sozialwissenschaften. Im Aufbau befindet sich eine Fakultät für Theologie, Bibelauslegung, Archäologie und Geschichte der christlichen Kirchen, besonders des Orients.

Stolz zeigt er uns seine Kirche, einen schiffartigen Bau, die größte Kirche in Galiläa, die er mit Geld eines buddhistischen Preises baute. Die gesamte Ausstattung hat das Schulwerk selbst gemacht. Er erklärt die Ikonostase und das Bildprogramm der Türen und des Vortragssaals, die alle dem Thema Frieden gewidmet sind.

Ein Bild zeigt den Propheten Elias mit dem Brot, das ein Rabe bringt, aber auch im hellen Licht einen Beduinen sehen lässt. Abuna Elias erläutert, gestützt auf eine Talmudstelle: Wenn das hebräische Wort עֹרֵב für Rabe (1 Kön 17, 4. 6) anders punktiert (vokalisiert) werde, bedeute es Beduine. Ich kann also עֹרְבִים (Orebim) oder עֲרָבִים (Arabim) lesen. Also haben Beduinen Elias mit dem Lebensnotwendigen versorgt.

Auch kann Abuna Elias nicht gut verstehen, warum der Tabor der (hohe) Berg der Verklärung sein soll – bei allem Respekt vor den Franziskanern. Das Neue Testament spreche nur vom Berg, den P. Bargil Pixner OSB im sogenannten Kleinen Hermon sieht. Abuna Elias verweist auf den Nebo: dort habe Gott den Mose das Gelobte Land sehen lassen; dort sei Elias im feurigen Wagen zum Himmel aufgefahren, und dort sei die Taufstelle Jesu zu finden, bei der vom geöffneten Himmel die Rede sei. Das seien doch stärkere Bezüge, den Nebo als Berg der Verklärung zu sehen, wovon allerdings die Tradition schweigt.

Elias heilt den syrischen Feldherrn Naaman, der an Lepra leidet und durch eine Sklavin aus Israel auf den Propheten verwiesen wird. Elias trägt ihm auf, sich sieben Mal im Jordan zu waschen. Ärgerlich weist er das Ansinnen zurück und will gehen. Doch die Diener drängen ihn, das Einfache zu tun. Er verliere nichts, wenn er keinen Erfolg habe, und gewinne viel, wenn er Heilung finde. Er tut es und wird geheilt. Er kehrt zum Gottesmann zurück und bietet ihm Gold, Silber, kostbare Kleider und Geschenke an. Aber der Prophet ist nicht käuflich, wohl ein Knecht, der Reichtum sucht und nicht das Zeugnis für den einen, heilenden Gott Israels. Der Geheilte nimmt Erde aus Israel mit, so dass er immer, wenn er in seinem Hause betet, auf heiligem Boden stehen kann, um dem heilbringenden Gott Israels nahe zu sein (2 Kön 5).

Das Mittagessen stammt ganz aus den Früchten und Kräutern des Gartens von Abuna Elias. Wasser mit Minze, Hühnerfleisch, Reis und Joghurt, Gurken und Tomatensalat, Früchte des Kaktus Sabra, Feigen, Melonen und Trauben sowie Kaffee, alles köstlich und schmackhaft bereitet.

Nach langem Suchen finden wir die Zufahrt zur Lavra Netofa, wo Abuna Jacoub, inzwischen 87 Jahre alt, mit dem US-Trappisten P. Thomas und Bruder Cornelius Sökeland als Einsiedler lebt. Weit geht der Blick von Meer zu Meer, vom Mittelmeer zum See Genesareth, und von Berg zu Berg, vom Hermon zum Tabor.

Hier in der Einsamkeit – die Hitze des Tages kühlt ein leichter Wind – erzählt Abuna Jacoub, ein Vetter Kardinal Willebrands, des Ökumenikers, seine Geschichte. Ein geistlicher Onkel habe ihn begeistert mit der Idee, dass Gott etwas mit dem jüdischen Volk vorhabe und wir es vielleicht in unserer Zeit noch erleben könnten. Er sei in den Trappistenorden eingetreten, wo 80 Mönche lebten. Sein Abt habe sein Vorhaben, als Einsiedler nach Israel zu gehen, abgelehnt, da er ihn als Novizenmeister brauche, aber gesagt, er könne die Idee im Herzen behalten. Die neunjährige Zeit als Novizenmeister habe ihm Gelegenheit gegeben, die Wüstenväter zu studieren. Der neue Abt habe ihn zum Studium der östlichen Theologie, Liturgie und Kirchen nach Rom geschickt und dann – nach 16 Jahren des Wartens – ihm erlaubt, ins Heilige Land zu gehen.

Sechs Jahre habe er an verschiedenen Stellen einen Platz für die Einsiedelei gesucht und ihn hier auf dem Berg bei Deir Hanna gefunden. Sechs Monate hätte er im Zelt gehaust und nach einem Jahr Verhandlungen mit einem Muslim (der zwei Frauen hatte) Gelände vom Netofa gekauft. Dann habe er 3 ½ Jahre lang jeden Tag Kaffee trinkend mit einem Muslim verhandelt, der drei Frauen und 80 Enkelkinder gehabt habe, um das Gelände für eine Kirche zu erwerben.

Da die Behörden den Bau einer Kirche nicht zuließen, habe er auf Anraten von P. Hieronymus OSB in jahrelanger Arbeit eine Zisterne tief in den Fels gehauen und ein Haus darüber gesetzt, das jetzt eine schlichte Kirche bildet.

Er feiert die Liturgie in hebräischer Sprache mit seinen Brüdern. Sie halten gute Nachbarschaft zu den Juden, die einen buddhistischen Einschlag haben (Nirwana, transzendentale Meditation). Gelegentlich kommen Gruppen zu Besuch.

Sie haben Ölbäume und Wein. Sie lieben das Gebet und die Meditation. Was geschieht, wenn sie sterben? Wird ihnen jemand folgen, ihre Mission fortsetzen? Wer wird von den Christen vor Gott da sein für die Versöhnung von Juden und Christen, die Christus gewirkt hat, um die trennende Mauer zu zerreißen (vgl. Eph 2, 14)? Braucht es in diesem von Gewalt erschütterten Land nicht Zeugnisse solchen Glaubens und solcher Hoffnung?

Am nächsten Tag (26. 7.) steuern wir Kursi am Ostufer des Sees an. Hier im Gebiet von Gadara heilte Jesus den Besessenen und schickte die Unzahl von Dämonen in eine Schweineherde, die sich vom dort sichtbaren Fels in den See stürzte (Mk 5, 1-20). Markus spricht von einer Legion von Dämonen, manche Ausleger sehen in der Legion eine Anspielung auf die römische 10. Legion, die als Schweine und unreine Tiere verspottet würden.

Ein Gemälde in der orthodoxen Kirche von Kafarnaum zeigt, wie die Teufel auf den Schweinen reiten und sie an den Ohren in den See leiten. Gott ist Herr über Besessenheit. »Bei Tag und bei Nacht schrie er unaufhörlich in den Grabhöhlen und auf den Bergen und schlug sich mit Steinen«, er zersprengte die Ketten, mit denen man ihn gefesselt hatte, also ein von einem unreinen Geist Besessener, der außerhalb Gottes Reinheitsgesetze lebte und ein Schrecken der Gegend war. Gott befreit durch Jesus von dieser Last der Besessenheit.

In unseren Zeiten fehlt der Glaube an Besessenheiten, obwohl wir die Besessenheit von Geld, Macht und Sexualität kennen und spüren. Deshalb gibt es die Gelübde und Versprechen zum Verzicht auf Besitz, Ehe und Eigenbestimmung. Armut, Ehelosigkeit und Gehorsam sind die Räte Jesu zum besonderen Leben in der Nachfolge Jesu. Armut, Ehelosigkeit und Gehorsam, AEG – aus Erfahrung gut, wenn sie echt gelebt werden aus einer Freiheit des Herzens.

Die Kirche (5. Jahrhundert) mit Säulengang, Mosaikfußboden und Seitenkapellen liegt in einem wunderschönen Park. Eine Kapellenruine am oberen Felsen erinnert an das biblische Ereignis.

Vom Kibbuz Aphik aus wandern wir an einer schönen Schlucht entlang zur erfrischenden Aphikquelle, deren Wasserfall einst durch das Gesetz der kommunizierenden Röhren die Stadt Hippos versorgte. Drei Kirchen deuten auf eine reiche christliche Vergangenheit. Ein Bischof hat die Dokumente von Nizzäa mitunterzeichnet.

Wir sehen den Eingang des Wadi El Al und den schwarzen Wasserfall.

In Gamla – das Räubernest kann bei so heißem Wetter nicht bestiegen werden – bewundern wir die Lämmergeier, die zwei Uhr mittags ihren Schlaf beendeten und durch die Schlucht gleiten. Vögel mit riesiger Spannbreite; 80 leben dort.

Nach dem Kaffee bei den philippinischen Schwestern beten wir Vesper und Komplet mit den deutschen Mönchen, essen mit ihnen zu Abend und halten Rekreation.

Heute (27.7.) führt uns der Weg an die libanesische Grenze. Bar'am ist unser erstes Ziel, wo eine alte Synagoge gut erhalten ist (3. Jh.). Die Fassade ist nach Jerusalem gerichtet. Der Portikus hat sechs Säulen und eine Zisterne. Zwei Portale führen in den Innenraum. Die Türumrandungen sind mit Weinlaub- und Fruchtmotiven geschmückt.

Eine israelische Panzerstreife beobachtet den Platz. 1948 haben israelische Truppen das christlich-maronitische Dorf Biram zerstört und die Bewohner evakuiert, genauer: ihres Besitzes beraubt. Hier war Abuna Elias geboren. Hier sind seine Eltern begraben. Die Ruine der Kirche steht noch. Die Glocke, die die Israelis weggenommen hatten, haben sie »zurückgeschenkt«. So hängt sie heute »leblos« im Turm. Ähnlich ging es der Familie des Kochs im Männerkloster von Tabgha, der aus Ikrit stammt.

Wir spazieren durch den Park Goren, wo unzählige Schulklassen Ausflug machen, ein schönes Parkgelände, wo wir vom Outlook aus die Kreuzfahrerfeste Montfort sehen, ein Vorort von Akko, sehr verborgen, auf dem Weg der Jam-Jam-Tour.

Am Merom gehen wir den schattigen Rundweg mit schönen Ausblicken in die galiläische Landschaft. Auch hier haben die Kinder Israels Ausflugstag. Leider lassen sie überall verunzierende Abfälle zurück.

Abends sind wir zu einem schmackhaften philippinischen Essen bei den Sisters eingeladen, die uns mit Welcome-Liedern begrüßen und über den Neuanfang mit dem Generalkapitel berichten.

Für heute (28.7.) hatten wir uns die Erkundung des Gilboa-Gebirges vorgenommen. Am Fuße bei Beth She-mesh besuchen wir Bet Alfa, eine Synagoge (6. Jh.), nach Jerusalem ausgerichtet, 1928 entdeckt, mit Apsis für den Thorahschrein und vor ihm im Boden eine Genizah für alte Schriftrollen und Dokumente, mit Haupt- und Seiten-schiffen und vermutlich einer Frauenempore. In der Mitte des Mosaiks sehen wir die Tierkreiszeichen (Zodiak) mit hebräischen und aramäischen Monatsnamen, mit Frauenköpfen in den Ecken, die die vier Jahreszeiten symbolisieren. Diese heutigem jüdischem Verständnis fremde und peinliche Darstellung hat aber inzwischen mehrere ausgegrabene Parallelen erhalten.

Über dem Zodiak sieht man die Heilige Arche, flankiert von Löwen, Vögeln und Menorot (Leuchtern) und umge-ben von Tieren, Früchten und geometrischen Figuren. Unter dem Zodiak findet sich eine archaisch anmutende Szene der Bindung und Opferung Isaaks durch Abraham und der Ersatz durch den Widder (Gen 22). Das Mosaik soll in der Zeit Kaiser Justinians (517-528) gelegt worden sein. Die Synagoge wurde im 6. Jahrhundert durch ein Erdbeben zerstört.

Im schön angelegten Gan HaShosha Nationalpark (Sach-ne) mit drei natürlichen Schwimmbecken finden wir Erholung, obwohl eine Fülle lärmender Menschen da ist.

Wir fahren einen Panoramaweg über das Gilboa-Gebir-ge, wo wir auf dem Mount Barkan den weiten Ausblick über das Land genießen. Hier hatten die Philister einst Israel empfindlich geschlagen. König Saul und sein Sohn Jonathan fanden den Tod, beweint von David und ganz Israel (1 Sam 31). Warum auch besuchte Saul die Hexe von Endor und weckte Samuel aus seiner Totenruhe (1 Sam 28), statt sich in den Gewässern von Sachne Kraft für den entscheidenden Kampf zu holen? Zum Abschrecken hängten die Philister Sauls Kopf und Leiche an die Tore von Beth Shean.

David singt:

> »Israel, dein Stolz
> liegt erschlagen auf deinen Höhen.
> Ach, die Helden sind gefallen! ...
> Ihr Berge von Gilboa, kein Tau und kein Regen
> falle auf euch, ihr trügerischen Gefilde.
> Denn dort wurde der Schild der Helden befleckt,
> der Schild des Saul, als wäre er nicht mit Öl gesalbt.

Saul und Jonathan, die Geliebten und Teuren,
im Leben und Tod sind sie nicht getrennt.
Sie waren schneller als Adler,
waren stärker als Löwen.
Ihr Töchter Israels, um Saul müsst ihr weinen;
er hat euch in köstlichen Purpur gekleidet,
hat goldnen Schmuck auf eure Gewänder geheftet.
Ach, die Helden sind gefallen mitten im Kampf.
Jonathan liegt erschlagen auf deinen Höhen.
Weh ist mir um dich, mein Bruder Jonathan.
Du warst mir sehr lieb.
Wunderbarer war deine Liebe für mich
als die Liebe der Frauen.
Ach, die Helden sind gefallen,
die Waffen des Kampfes verloren.«
(2 Sam 1, 19. 21. 23-27).

Nachdem wir am Vorabend den Leihwagen in Tiberias abgegeben haben, feiern wir die Abschiedsmesse und frühstücken bei den philippinischen Schwestern (29.7.).

Pfarrer Ludger Bornemann bringt uns mit dem Kölner Zivi Carsten zum Flughafen nach Tel Aviv, wo wir um 16.40 Uhr mit der Lufthansa abfliegen und 20.15 Uhr in Frankfurt am Main landen.

Schwester Hildegard und Simone bringen uns vom Freiburger Bahnhof ins Münstertal, wo Schwestern uns mit einem Nachtmahl erwarten, und wir um Mitternacht Schwester Beatrix ein Namenstagsständchen singen.

**In Deiner Mitte,
Jerusalem.
Halleluja**

Psalm 116, 19

**Pilgerreise
ins Heilige Land
31. März bis 10. April 2005**

Händels Halleluja im Dom zu Aachen klingt noch nach in Ohren und Herzen. Christus, der auferstandene Herr, ist in den Zeichen, Worten und Klängen der österlichen Liturgien in unserem Glauben aufgeleuchtet. Erwachsenentaufe und Firmung haben österliche Hoffnung zentriert in konkrete Menschenleben.

Die Osterbotschaft des Lateinischen Patriarchen Michel Sabbah (27. 3. 2005) endet:

»Moreover, it is useless to seek to make peace with the region before solving the core of the conflict which is between Palestinians and Israelis. Trying to make peace with the neighbors will only exacerbate the conflict in the Holy Land. This conflict must be resolved first because peace throughout the region depends on the peace of Jerusalem.

Christ has truly risen (Lc 24, 1-52). Let us rejoice. Yes, in the midst of all of our present trials, we are invited to rejoice and to live our lives to the full.

Have a Joyous and Holy Easter.«

1. In den galiläischen Frühling hinein

Am Donnerstag der Osterwoche, dem 31. März 2005, brechen wir auf. In zwei Gruppen wollen wir das Heilige Land erfahren: beschauliche Schwestern aus Steinfeld vom Benediktinerinnenkloster Maria Heimsuchung und aus Braunsrath von dem Kloster Maria Lind der Klarissen-Kapuzinerinnen, tätige Schwestern aus dem Kloster St. Trudpert in Münstertal/Schwarzwald und die Gemeinschaft des Bischofshauses Aachen einerseits und 20 Theologen des Bistums Aachen aus dem Pauluskolleg in Bonn andererseits.

Aus verschiedenen Richtungen treffen wir auf dem Flughafen in Frankfurt/Main ein, durchlaufen die aufregenden Formalitäten des Eincheckens und der Sicherheitskontrollen. Dort könnte unter dem Schleier eine schreckliche Waffe verborgen sein, hier erregt ein Rosenkranz Verdacht, und dort piept eine Sicherheitsnadel im Versteck des Habits. Um 10.40 Uhr – mit einer halben Stunde Verspätung – hebt die Lufthansa LH 686 nach Tel Aviv ab. Südwärts geht der Flug, dann an der Donau entlang, bei Wien südwärts über den Balkan und Griechenland. Das Mittelmeer liegt unter uns, Zypern und dann die Küste Israels vor uns, das Häusermeer Tel Avivs. Hitze von 33 Grad Celsius schlägt uns entgegen.

Der Bus zum Transfer steht bereit mit Jamil, unserem bewährten Fahrer. Sinnvoll steht auf dem Bus »The Angels of Nazareth«. Besser kann man nicht transportiert werden. Pfarrer Ludger Bornemann und mein Neffe Bernd tauchen auf. Palmen sind zu sehen. Es ist heiß und dunkel. Chamsin weht und bringt düsteren Staub, der die schöne Landschaft verhüllt. Nur gelegentlich ahnt man Stockrosen an der Straße, gelbe Mimosen an der Seite; je mehr es nach Norden geht, um so grüner wird es, wenn man es denn sähe.

Tabgha ist erreicht. Die Theologen haben ihre Unterkünfte am See bei den Benediktinern. Das Pilgerhaus des Deutschen Vereins vom Heiligen Land in Tabgha nimmt uns freundlich auf. Ein Erfrischungstrunk belebt. Wir machen Quartier. Schwester Lea im Shop ist schon ganz aufgeregt. Im Andachtsraum des Hauses feiern wir Eucharistie, halten Abendmahl miteinander, treffen uns zu einer Einführungsrunde. »Unter Führung des Evangeliums« wollen wir »seine Wege gehen« – wie der heilige Benedikt im Prolog seiner Regel empfiehlt, »Seinen Spuren wollen wir in diesen Tagen folgen«, ihm begegnen in seinem Land, in dem er seine Spuren hinterlassen oder doch ahnbar und erlebbar gemacht hat. Wir begegnen Orten, die Erinnerung an ihn, an seine Mutter und an die Apostel, an die Frauen und Jünger wachhalten. Die Komplet rundet einen langen Tag. Todmüde schlafen alle die Nacht über.

Freitag, 1. April 2005

Viele Schwestern haben schon früh Garten und Anlagen erkundet, sich an Sträuchern und Blumen erfreut, den See in sich aufgenommen, das Vogelkonzert genossen. Durch die Plantagen geht es an Zitrus- und Olivenbäumen vorbei. Es mischen sich die verschiedenen Grüntöne der Pflanzen und Sträucher, die kräftige Farbenfülle der Bougainvilleen und das Dunkelrot der blühenden Mangos.

Am Kloster der philippinischen Benediktinerinnen vorbei, kommen wir zum Altar von Dalmanutha am See. Wir treffen auf Pater Jeremias und die deutschen Benediktiner, die philippinischen Benediktinerinnen, auf Aachener, Münchener und Fuldaer Theologen und Gäste. Friedrich Kardinal Wetter ist Hauptzelebrant.

Der See beruhigt den Blick. Die Gesänge und Texte gewinnen an Tiefe. Ein Klippdachs sitzt unbewegt auf dem Felsen und feiert mit. »Als es schon Morgen wurde, stand Jesus am Ufer«, heißt es im Nachtragskapitel bei Johannes (Joh 21, 5). Und ins Herz treffend, stellt der Kardinal die Frage Jesu: »Liebst du mich?« Diese Frage bekommt noch einmal eine Vertiefung durch die Nachricht, dass das Sterben des Papstes begonnen hat.

Nach dem reichhaltigen Frühstück führt uns Pfarrer Ludger Bornemann in die Geschichte des Ortes und der Basilika der Brotvermehrung ein. Staunend nehmen wir das Mosaik wahr mit seinem Teppich der Anemonen und den Motiven ägyptischer Pflanzen und Tiere: der Ibis, der im Sumpf pickt, ein Klippdachs, der verfolgt flieht, ein Pfau, der – neben dem Elefanten Nationaltier Indiens – die Aufmerksamkeit unserer beiden indischen Schwestern erregt, Perlhühner, die den Schmuck ablegen, das Nilometer, auf dem der Ibis sitzt. »Stelle dich auf den Turm der Gebote, übe die Tugend und sei wachsam.«

Immer wieder tief beeindruckend vor dem Fels, auf den Jesus Fische und Brot legte und über dem sich der Altar erhebt, das Mosaik mit dem Korb der Brote und den Fischen. Vier Brote sehen wir, das fünfte liegt als eucharistische Gabe auf dem Altar.

Wir wandern zu St. Peters Primacy, von den Franziskanern gehütet, hören das Evangelium der Primatsverheißung an Petrus und sehen die Stufen, von denen schon die Pilgerin Egeria berichtet, dass der Herr auf ihnen gestanden sein soll. Die Glocken der Basilika laden zur Sext mit den Mönchen. Mittagessen und Mittagsruhe tun gut.

Um 16.00 Uhr werden in Beth Noah die französischen Mönche und Nonnen von Abu Gosh und einige Benediktiner aus Jerusalem erwartet. Wir treffen noch andere Bekannte. »Er geht euch voraus nach Galiläa, dort werdet ihr ihn sehen« (Mt 28, 7), ist das Motiv, am Freitag der Osterwoche diesen Ort am See aufzusuchen. Nimmt man die jüdische Praxis, dass die Thoralesung mit dem letzten Kapitel des Deuteronomium endet und mit dem ersten Kapitel der Genesis beginnt, und lässt man im Markusevangelium das Nachtragskapitel weg, dann folgt auf das österliche Wort »Er geht euch voraus nach Galiläa ...« erneut das in Galiläa beginnende Leben und Wirken Jesu.

Im Rollstuhl ist der Abt Weihbischof Jean Baptist Gourion mitgekommen, gezeichnet von der Krebskrankheit mit durchscheinenden Wangen und tiefen Augen, ruhend in der österlichen Gewissheit der Auferstehung. (Am 24. Juni

2005 ist er gestorben.) Er erzählt von der Sorge um seine hebräischen Christen und um den Frieden im Heiligen Land. Gefragt nach seinem Namen und einer eventuellen Verbindung zum Staatspräsidenten David Ben Gurion, erzählt er, dass sich David Gruen diesen hebräischen Namen zugelegt habe, seine Familie ihn aber immer getragen habe, die seit ewig im Heiligen Land lebe. Der Name sei schon im Talmud der Name einer berühmten Rabbinerfamilie, zu der nach neueren Forschungen auch Nikodemus zählen solle.

Ein Höhepunkt dieser geistlichen Begegnung ist die feierliche Ostervesper mit Weihrauch und zum Teil mehrstimmigen Gesängen in französischer, deutscher und lateinischer Sprache. Froh und geistlich gestärkt gehen wir auseinander.

Das Leiden und Sterben des Papstes verdichten sich. In der Komplet fällt der 88. Psalm in unsere betenden und fürbittenden Seelen:

> »Herr, du Gott meines Heils,
> zu dir schreie ich am Tag und bei Nacht.
> Lass mein Gebet zu dir dringen,
> wende dein Ohr meinem Flehen zu!
> Denn meine Seele ist gesättigt mit Leid,
> mein Leben ist dem Totenreich nahe.
> Schon zähle ich zu denen,
> die hinabsinken ins Grab,
> bin wie ein Mann, dem alle Kraft genommen ist.
> Ich bin zu den Toten hinweggerafft,
> wie Erschlagene, die im Grabe ruhen.
> Mein Auge wird trübe vor Elend.
> Jeden Tag, Herr, ruf' ich zu dir;
> ich strecke nach dir meine Hände aus.
> Wirst du an den Toten Wunder tun,
> werden Schatten aufstehn, um dich zu preisen?
> Erzählt man im Grab von deiner Huld,
> von deiner Treue im Totenreich?
> Werden deine Wunder in der Finsternis bekannt,
> deine Gerechtigkeit im Land des Vergessens?
> Herr, darum schreie ich zu dir,
> früh am Morgen tritt mein Gebet vor dich hin …«

Nacht breitet sich aus.

Samstag, 2. April 2005

Heute ist Jerusalemtag. Wir stehen früh um 5.00 Uhr auf. Es regnet leider und ist unerwartet kühl. Auf dem Weg vor und hinter Tiberias ist die Blütenpracht der gelben, roten, violetten, weißen Bougainvilleen zu sehen. Es ist Shabbat. Der Verkehr ruht. Von Tiberias gilt: »It's beauty from far and far from beauty!«

In der Jordansenke sehen wir hinüber nach Jordanien, das hier seine Gemüsegärten hat. Die Berge Gilboas, die Beth Shean-Region, es geht immer tiefer in die Wüste hinein. Noch sieht man arabische Familien auf den Feldern arbeiten. Dann kommt Jericho in Sicht, die älteste Stadt der Welt, umgeben von Palmenhainen und von dieser schrecklichen »Sicherheitsmauer«.

Hier ist der tiefste Punkt der Welt, 400 Meter unter dem Meeresspiegel. Wir halten an einer Raststätte, trinken einen Kaffee und bewundern die Kamele. Weiter geht die Fahrt hinauf nach Jerusalem, 800 Meter ü. d. M. Wir sehen von weitem den Ölberg mit seinen drei Türmen auf dem Mount Scopus mit der Hebrew University, den Auguste-Viktoria-Turm, gestiftet von Kaiser Wilhelm I. mit Kirche und Hospital, den Zarenturm mit dem Kloster Maria Magdalena, gestiftet von Zar Alexander III. zum Andenken an die Kaiserin-Mutter Maria. In der Krypta liegt die Großherzogin Elisabeth, die mit der Zarenfamilie ermordet wurde und über China nach Jerusalem gelangte.

Vom Mount Scopus schauen wir auf die Goldene Kuppel des Tempelbergs und auf die Heilige Stadt. Wir spüren im Rücken die Wüste als Ort des Todes und vor uns die Stadt als Ort von Leben, Schutz und Geborgenheit. So zieht auch die Palmprozession von Betphage am Ölberg durchs Löwentor zur Anastasis, vom Tod zum Leben. Sonst kommt das Unheil vom Westen. Die Römer kamen von Caesarea maritima, die Kreuzfahrer vom Meer. Dagegen ex oriente lux. Aus dem Osten kommen Sonne, Licht und Leben.

Wir fahren nach Bethlehem. Am Checkpoint steigt eine Soldatin mit Gewehr ein, was manche Schwestern erschreckt; sie lässt uns fahren. Bedrohlich nah sehen wir die »Schutzmauer«, die die palästinensische und israelische Gesellschaft trennt, so sehr, dass man das Leiden des jeweils anderen nicht mehr sieht. Bethlehem, heute eine mehrheitlich arabisch-muslimische Stadt, brodelt von Leben;

es hupt und lärmt. Scharen von Verkäufern stürzen sich auf uns Pilger, bis wir schließlich auf dem Platz vor der Geburtsbasilika sind.

Wir beugen uns tief, um durch das enge Tor zu gelangen, verkleinert, damit nicht Ritter auf ihren Pferden in die Kirche reiten konnten. Wir sehen die Kirche mit ihren Mosaiken, mit Chorraum und Ikonostase, mit Ampeln und Lampen, argwöhnisch beäugen Griechen, Armenier und Franziskaner das Geschehen. In der Hieronymusgrotte dürfen wir die heilige Messe feiern. Nach all dem Gedränge ist es gut, still zu werden. Wir singen »Zu Bethlehem geboren ...« Im Hinblick auf den Weltjugendtag 2005 in Köln nehmen wir das Evangelium vom Fest der heiligen drei Könige.

»Wir sind gekommen, ihn anzubeten« (Mt 2, 2). Auf weiter und gefährlicher Reise ließen die drei Könige sich leiten von ihrem Stern, den sie verlieren und wiederfinden. Suchbewegungen der geistlichen Pilgerfahrt unseres Lebens. In Freude finden sie das Kind und Maria an dem Ort, wo der Stern stehenbleibt. »Wir sind gekommen, ihn anzubeten.« Darum geht es hier und jetzt. Wir beten ihn an. Wir öffnen die Schätze unseres Herzens. Wir bringen ihm das Gold unserer Freiheit und wollen ihm folgen auf seinem Weg. Wir bringen ihm den Weihrauch unserer innigen Gebete, und wir schenken ihm die bittere Myrrhe, unsere Hingabe und Liebe, wie er sie uns am Kreuz erwiesen hat. Es ist einer der dichtesten Gottesdienste auf dieser Reise. »Und sie kehrten auf einem anderen Weg in ihr Land zurück« (Mt 2, 12). Sie haben nämlich eine Richtungsänderung, eine Bekehrung erfahren zum »Anführer und Vollender unseres Glaubens« (Hebr 12, 2).

Mittags erholen wir uns in Dormition Abbey. Nach einer kleinen Stärkung schauen wir uns die Kirche der Entschlafung Mariens an. Über dem »Sarkophag« in der Kuppel sehen wir die Bilder der berühmten Frauen Israels: Eva, vom Herrn geschaffen aus der Rippe Adams, mit gleicher Menschenwürde begabt wie der Mann; Mirjam, die tanzende Prophetin und Schwester des Mose; Jael, die Frau des Keniters Cheber, die meuchlings den fliehenden kananäischen Feldherrn Sisera erschlägt und so Israel rettet; Ruth, die Fremde aus Moab, die zum Gott Israels hält und Stammmutter des Königs David wird; Judith, die dem Feldherrn Holofernes – betört von ihrer Schönheit – den Kopf abschlägt und so Israel rettet; und schließlich Esther, die vor den König Ataxerxes tritt und Hamans Anschlag auf die Israeliten aufdeckt. All diese tapferen Heldinnen und Frauengestalten aus Israel sind Vor- und Sinnbilder Mariens, die uns den Retter der Welt geboren hat.

Wir gehen durch das armenische Viertel, das an den Völkermord in der Türkei vor 90 Jahren erinnert. Der Suk nimmt uns gefangen mit seinem Gedränge und Lärm, mit seinen Gerüchen und Klängen, mit seinen Backwaren, Gemüsen und Süßigkeiten, mit seinen Bekleidungsshops und Juwelieren, mit Schauläden und Metzgereien, mit seinen Wasserpfeifen und Andenkenshops, mit Rosenkränzen und Weihrauch, Araber in traditioneller Kleidung mit Kefijeh oder Tschador und Burka, Israelis mit schwarzen Hüten, Schläfenlocken und langen Bärten, mit Zizith (Schaufäden) und Thorah, Japaner mit Digitalkameras und Rucksack, Europäerinnen mit offenen Blusen und Bluejeans, griechische Mönche mit schwarzer Kutte, alle Sorten von Menschen und Völkern. Gut nur, dass wieder Pilger und Touristen das Geschäft beleben, den Lärmpegel und das Herz steigen lassen, schadlos halten sich die Kinder.

Plötzlich stehen wir vor der Anastasis, der ehrwürdigsten Kirche der Christenheit, die den Kalvarienfelsen, den Ort des Todes Jesu birgt und das Heilige Grab hütet, wo Jesus von den Toten auferstand. Wir sehen den ampelbehangenen Salbungsstein und gehen hinauf nach Calvaria. Wir haben Zeit, vor dem Felsen zu knien, ihn in Ehrfurcht zu berühren und meditierend und betend des Sterbens Christi zu gedenken. Da hören wir Lärm. Schnell hinunter.

Die Kawassen in ihren Uniformen und mit ihrem roten Fez stampfen mit den Stäben und schaffen Raum. Der griechisch-orthodoxe Patriarch Irenaios I. betritt mit seinem Gefolge von Metropoliten und Priestern die Kirche des Herrn, verehrt den Salbungsstein, geht ins Heilige Grab und verrichtet im Katholikon seine Gebete.

Bald folgt der koptisch-orthodoxe Metropolit mit Kawassen und Gefolge. Er verehrt das Heilige Grab am hinteren, koptischen Teil und betet in der syrischen Kapelle. Schließlich folgt eine dritte Gruppe, die ich nicht mehr identifiziere. Ein Schauspiel für unsere Schwestern.

Gut, dass es die Ordnung des Sultans von 1852 gibt. Sie regelt als ehernes Gesetz die Gottesdienstzeiten für die einzelnen Konfessionen. Die allabendliche Schließung der Jerusalemer Grabeskirche ist ein Erlebnis eigener Art. Wenn die israelischen Polizisten – es müssen immer Juden oder Muslime sein – bei Eintreffen der Dunkelheit die Pilger und Touristen hinauskomplimentiert haben, versammeln sich die verantwortlichen Geistlichen der drei großen Denominationen, Griechen, Lateiner und Armenier, am Eingang der Anastasis und wechseln freundliche Worte mit den israelischen Kirchenschweizern, einander sehen sie sich nicht an.

Auch die Polizisten verlassen die Kirche. Die große doppelflügelige Tür wird geschlossen, und die Riegel werden innen vorgeschoben. Durch eine Klappe wird von innen eine Holzleiter herausgeschoben. Ein Mitglied der muslimischen Familien Nusseibeh oder Dschubeh steigt von außen hinauf und legt außen die Riegel vor. Die Leiter wird durch die Luke zurückgeschoben.

Die beiden Familien haben seit Saladins Zeiten in ununterbrochener Reihenfolge die Schlüsselgewalt über die Anastasis inne. Und das ist gut so. Vor kurzem noch haben Griechen und Franziskaner mit den Fäusten schlagende Argumente ausgetauscht, sodass die Polizisten mit Gummiknüppeln die Ruhe wiederherstellen mussten. Der griechische und armenische Patriarch, die sich im Vorjahr wegen des Osterfeuers in die Bärte gerieten, sollen einen Vertrag zu friedlichem Verhalten im Heiligen Grab geschlossen haben.

Ungut ist das Gerede über Patriarch Irenaios wegen seiner Landverkäufe an Israelis, wegen Finanzmachenschaften eines in Bologna/Italien verhafteten Apostolos Vavilis und wegen anderer Beschuldigungen. (Am 24./25. 5. 2005 hat der Heilige Synod im Phanar mit 9 der 12 Stimmen der vertretenen orthodoxen Kirchen unter Leitung des Ökumenischen Patriarchen Bartholomaios I. ihn abgesetzt und aus der Liste der rechtmäßigen Kirchenführer gestrichen.)

Durch die abessinische und äthiopische Kapelle gelangen wir aufs Dach der Kirche, wo in kleinen Zellen äthiopische Mönche hausen. Auf dem Dach strahlt das gemeinsame Kreuz der Christenheit, genommen von einem Mosaik in der Geburtsbasilika zu Bethlehem, gefertigt von einer Stolberger Firma, gestiftet von den Rittern vom Heiligen Grab zu Jerusalem.

Noch nie seit Beginn der Intifada habe ich so viele Pilger gesehen. Es gibt überall Waren. Die Herbergen sind gefüllt. Viele Pilger sind ein Beitrag zum Frieden. Wenn es wirtschaftlich besser geht, wächst die Zufriedenheit und steigt der Abscheu vor Krieg und Attentaten.

Wir gehen durch die Via dolorosa zurück und halten bei der Sechsten Station, um Schwester Rose von Jesus zu besuchen. Sie ist sehr pessimistisch, was die Chancen für den Frieden angeht. Die Schwestern aber sind begeistert von ihren Ikonen, Bildern und Naturfotografien. Wir hören in der Kapelle das österliche Evangelium.

Unser Weg führt uns zur Klagemauer, dem zentralen Ort, wo Juden beten, wo die mächtigen Steinquadern des herodianischen Tempels zu sehen sind. Der Tempel ist der heilige Ort, an dem Gott seine Gegenwart wohnen lässt. Der Ort ist entweiht, nachdem Römer nach der Zerstörung einen Jupitertempel errichteten und die Muslime den Felsendom bauten. Aber die Western Wall ist ein echter Teil des wahren Tempels. Wir sehen betende Juden in wiegenden Bewegungen, Juden mit schwarzen Hüten und Mänteln und langen Bärten, oder mit Kaftan und Streimeln. Getrennt von den Männern beten die Frauen in europäischer oder orientalischer Kleidung. Gott segne Israel mit Frieden, ist mein Gebet (Ps 29, 11).

Wir sammeln uns zur Rückfahrt. Frau Marianne Bandel vollendet ihr 60. Lebensjahr. Unser Reiseführer Martin Burzlaff hat Wein besorgt, sodass wir auf dieses Ereignis anstoßen können. Gleichzeitig ist es Abschied von Jerusalem. Auf der Rückfahrt beten wir die Vesper.

Der Prophet Jesaja spricht zu uns (Jes 66, 10-14):

»Freut euch mit Jerusalem!
Jubelt in der Stadt alle, die ihr sie liebt.
Seid fröhlich mit ihr, alle,
die ihr über sie traurig wart.
Saugt euch satt an ihrer tröstenden Brust,
trinkt und labt euch
an ihrem mütterlichen Reichtum!
Denn so spricht der Herr:
Seht her: Wie einen Strom
leite ich den Frieden von ihr
und den Reichtum der Völker
wie einen rauschenden Bach.
Ihre Kinder wird man auf den Armen tragen
und auf den Knien schaukeln.
Wie eine Mutter ihren Sohn tröstet,
so tröste ich euch.

In Jerusalem findet ihr Trost:
Wenn ihr das seht, wird euer Herz sich freuen.«

3. In Tabgha und Kapernaum, in »seiner Stadt«

Sonntag, 3. 4. 2005

Unser Heiliger Vater Papst Johannes Paul II. ist gestern abend um 21.30 Uhr gestorben. Unsere Betroffenheit und Trauer sind groß. Wir beten für ihn, der so Großes für Frieden und Gerechtigkeit in der Welt geleistet, der unermüdlich den Glauben verkündet und die Schwestern und Brüder im Glauben gestärkt hat (vgl. Lk 22, 32).

Ich erinnere an das Wort bei Johannes, das über dem Beginn seines Sterbens stand. »Als es schon Morgen wurde, stand Jesus am Ufer« (Joh 21, 5). Das ist mein Wunsch und mein Gebet, meine feste Überzeugung und Hoffnung. Als Papst Johannes Paul II. an das Ufer, an das Gestade der Ewigkeit gekommen ist, steht Jesus am Ufer. Er erwartet den Papst im hellen Licht des Ostermorgens. Und Papst Johannes Paul II., der die Frage Jesu nach seiner persönlichen Liebe so vorbehaltlos beantwortet hat, darf in Freude die Gemeinschaft, die Freundschaft, die Liebe mit Jesus feiern. Das Fest ist bereitet. Frischer Fisch, duftendes Fladenbrot ist bereit. Er, Jesus, wartet am Ufer auch auf uns.

Frühmorgens treffe ich Anordnungen zu Gebet und Geläut im Bistum Aachen und schreibe ein Wort dankenden Gedenkens für einen charismatischen Papst, den Gottes Güte uns geschenkt hat. Ich entschließe mich, einen Tag eher abzureisen, damit ich am nächsten Sonntag im Dom zu Aachen ein Pontifikalrequiem für den Heiligen Vater halten kann.

Um 9.00 Uhr halte ich das Amt in der Basilika in Konzelebration mit den Mönchen, mit dem Abt von Heiligkreuz, Henckel zu Donnersmarck, und Gastpriestern. »Als es schon Morgen wurde, stand Jesus am Ufer.«

Er wartet am Gestade der Ewigkeit auf Papst Johannes Paul II., der ihm so oft seine Liebe bezeugte, geborgen in der Freundschaft Jesu ist der Papst im Haus des himmlischen Vaters angekommen.

Pfarrer Bornemann predigt über die Unübersichtlichkeit der Heiligen Schrift, über die Unübersichtlichkeiten und Gegensätze in den biblischen Ostererzählungen. In dieser Unübersichtlichkeit vollzieht sich Leben, und mitten darin ereignet sich Auferstehung. Thomas kann es nicht glauben. Eigens für ihn lässt der Herr sich sehen. Es ist widersprüchlich: Einerseits entzieht er sich ihren Blicken, geht durch verschlossene Türen, befiehlt: »Rühr mich nicht an!«, andererseits lässt er sich berühren, isst vor ihren Augen Fisch. Eigentümlich ist dieses Sich-Gewähren und Sich-Entziehen. Es ist nicht zu fassen. Und dennoch sind sie nicht fassungslos. Erstaunen, Erschrecken … und die Erkenntnis, »Es ist der Herr« (Joh 21, 7) und das Bekenntnis des Thomas: »Mein Herr und mein Gott« (Joh 20, 28). Weg des Glaubens auch für uns.

Wir machen uns auf den Weg nach Kapernaum, Kafr Nahum, »Kaff des Nahum«. Der Weg geht an der Bucht der Seepredigt mit ihrer vorzüglichen Akustik vorbei. Das Gleichnis von der Saat; sie fällt unter die Dornen, auf steinigen Grund, auf den Weg und schließlich auf fruchtbaren Boden. Jesus nimmt unmittelbar naheliegende Erfahrungen und macht sie als Bilder transparent auf die Wirklichkeit Gottes, dass Gottes Wort Frucht bringe in uns.

(Zur Erweckung der Tochter des Jairus und zur Heilung der blutflüssigen Frau:
Cf. Ingrid Rosa Kitzberger (ed.),
Jesus and Women Re-viewed,
Transformative Encounters, Leiden-Boston-Köln 2000)

Mitten auf dem Weg zwischen Tabgha und Kapernaum hat Pater Bargil Pixner OSB einen Stein setzen lassen, der uns an die Begegnung Jesu mit Jairus, an die Heilung seiner Tochter und der blutflüssigen Frau erinnert (Mk 5, 23-43).

Irgendwo auf diesem Weg muss es sich ereignet haben. Frauen im Gefolge Jesu sind nicht selten (vgl. Lk 8, 1-3), sodass er als »Weintrinker und Freund der Frauen« verdächtigt wird, wie er auch als »Fresser und Säufer, Freund der Zöllner und Sünder« (Mt 11, 19; Lk 7, 9. 33 f.) niedergemacht wird, wobei »Zöllner und Dirnen« (Mt 21, 31 f.) gern zusammen gesehen werden. Jesus steht ganz im Gegensatz zu Johannes dem Täufer, dem Asketen in der Wüste, der von Heuschrecken und wildem Honig lebt. Jesu menschenfreundliches und gesetzüberschreitendes Verhalten macht ihn verdächtig. Unter den von Jesus Geheilten gibt es nicht wenige Frauen wie Maria Magdalena (Lk 8, 2), die Tochter der syrophönizischen Frau (Mk 7, 24-30 par.), die Schwiegermutter des Petrus (Mk 1, 29-31 par.), die gekrümmte Frau in der Synagoge (Lk 13, 11-17).

In unserer Evangelienkomposition geht es um die Auferweckung der Tochter des Jairus, worin eingefügt die Heilung der blutflüssigen Frau eine größere Spannung erzeugt. Jairus ist Synagogenvorsteher, ein angesehener und nicht unvermögender Mann. Er geht Jesus entgegen, um für das Leben seiner Tochter einzutreten. Diese junge Jüdin ist 12 Jahre alt, das Mädchen liegt auf den Tod, ohne dass es geschlechtsreif wäre und heiraten und Kinder gebären könnte.

Im Gegensatz zu ihr leidet die namenlose Frau seit 12 Jahren an Blutfluss; sie hat ihr Vermögen bei den Ärzten verloren, doch wurde die Krankheit immer schlimmer. Deshalb hat sie keine Kinder und kann keine Kinder haben. Wir wissen nicht, ob sie verwitwet ist, jedenfalls hat sie keinen männlichen Fürsprecher, der für sie bei Jesus eintreten könnte. Sie ist unheilbar krank, völlig verarmt, sozial an den Rand geraten und vereinsamt.

Die Erzählung hebt an mit der demütigen, weil kniefälligen Bitte des Synagogenvorstehers Jairus, in sein Haus zu kommen und seine sterbende Tochter durch Handauflegung zu heilen. In dem Gedränge um Jesus fasst die blutflüssige Frau Mut. Sie hat keinen, der ihr hilft, wenn sie nicht selbst die Initiative ergreift. Sie tritt von hinten an Jesus heran und berührt sein Gewand. »Sie sagt sich: Wenn ich auch nur sein Gewand berühre, werde ich geheilt. Sofort hörte die Blutung auf« (V 28).

Jesus spürt, dass eine Kraft von ihm ausgegangen ist. Er fragt, wer ihn berührt habe, was die Jünger bei dem Gedränge für eine unbeantwortbare Frage halten. »Da kam die Frau, zitternd vor Furcht, weil sie wusste, was mit ihr geschehen war (nämlich die Heilung); sie fiel vor ihm nieder und sagte ihm die ganze Wahrheit« (V 33), all die Not, die soziale Ausgrenzung, die Krankheit, die Armut, die Isolation.

Die Dramatik der Situation ergibt sich daraus, dass sie nach jüdischem Gesetz kultisch unrein war (Lev 15, 19-33; vgl. 12, 1-8), und zwar aufgrund ihres ständigen Blutflusses für immer. Sie durfte nicht Tempel und Synagoge betreten und war im Kontakt mit den Menschen beschränkt. Wen sie berührte, der wurde ebenfalls kultisch unrein. Die Frau wusste wohl, dass ihre Berührung Jesus kultisch unrein machen würde, oder war das Berühren seines Gewandes gerade noch erlaubt? Jedenfalls hat sie sich die Heilung einfach erschlichen und den Wundertäter kultisch unrein gemacht. Wenn sie Jüdin war, war das schlimm; wenn sie Heidin war, nicht weniger gefährlich und beleidigend.

Die Frau macht ihre Lage öffentlich. Jetzt spüren wir die Spannung. Wie wird Jesus reagieren? Jesus sagt zu ihr: »Meine Tochter, dein Glaube hat dir geholfen. Geh in Frieden. Du sollst von deinem Leiden geheilt sein« (V 34). »Meine Tochter«, das ist nicht ein salbungsvoller pastoraler, etwas überheblicher Ton, sondern Angebot der Gemeinschaft. Sie soll zur »Familie Jesu« zu gehören. Der Glaube der Frau ist entscheidend für Jesu Heilungswunder. Feministische Interpretationen sprechen gelegentlich von einer Selbstheilung der Frau. Das geht fehl, weil ohne Gottes rettendes Handeln in Jesus Heilung nicht denkbar ist. Allerdings ist die gläubige Disposition der zu heilenden Person wesentliche Voraussetzung für Jesu Wundertat.

In diesem Wunder aber liegt auch eine Lehre Jesu. Er nimmt sich die Freiheit, besser er hat die Vollmacht als Sohn Gottes, die jüdischen Reinheitsgesetze außer Kraft zu setzen um des leidenden Menschen willen, um der völlig ausgegrenzten Frau Heilung und Heil widerfahren zu lassen. Darin ist der Konflikt mit den jüdischen Autoritäten programmiert.

Bei der Erweckung der Tochter des Jairus steigert Jesus diese seine Souveränität über das jüdische Reinheitsgesetz, das ja Thorah, Gottes Gesetz, ist, indem er die Hand des toten Mädchens ergreift und ihr auf Aramäisch sagt: »Talita kum! Mädchen, ich sage dir: steh auf!« (V 41). Das Berühren einer Leiche macht nach jüdischem Gesetz kultisch unrein (Num 19, 11-22). Hier ist es Jesus selbst, der aktiv das Verbot übertritt, um es souverän außer Kraft zu setzen.

Diese Szene ist spannend. Leute, die zum Haus des Synagogenvorstehers gehören, kommen hinzu und berichten Jairus vom Tod seiner Tochter. Jesus aber ermutigt den Synagogenvorsteher, »Sei ohne Furcht, glaube nur!« Und Jesus nimmt nur Petrus, Jakobus und Johannes mit in Jairus Haus. Der Lärm der Klageweiber deutet auf Reichtum und Ansehen des Jairus hin. Auf seinen Einwand, das Mädchen schlafe nur, lachen die Leute Jesus aus. Sie wissen doch, dass es tot ist; sie haben es doch mit eigenen Augen gesehen. Jesus geht nur mit seinen drei Jüngern und den Eltern in das Sterbezimmer des Mädchens. Er erweckt es, und es geht umher.

Jesus gebietet, dem Kind zu essen zu geben, und verbietet, die Tat zu verbreiten (markinisches Schweigegebot). Die

Einheitsübersetzung deutet die Reaktion der Menschen: »Die Leute gerieten außer sich vor Entsetzen«, und Luther hatte übersetzt: »Und sie entsetzten sich sogleich über die Maßen«. Beides geht m. E. zu weit: Sie erregten sich (sofort) in großer Erregung, d. h. eine große emotionale Bewegung entsteht, worin die Gefühle durch ein großes, noch ungedeutetes Ereignis aufgewühlt sind.

Wir gelangen nach Kafarnaum und sehen die oktogonale Kirche im »Franziskanerbarock« über dem Haus der Schwiegermutter des Petrus. Hier gab es schon im 4. Jahrhundert eine frühe christliche Gemeinde. Wir sehen die ausgegrabenen kleinen Häuser, Ölmühlen und Friese. Die Ruine der Synagoge aus dem 4. Jahrhundert nach Christus ruht auf den Fundamenten der Synagoge zur Zeit Jesu. Man geht hinein und wendet sich um versus Jerusalem. Auf Friesen der alten Synagoge sehen wir Symbole von Kräutern und Früchten, Davidsstern und Salomostern, die Bundeslade wie ein Tempel auf rollenden Rädern (wie bei Kirjat Jearim).

Etwas weiter grüßt die griechisch-orthodoxe Kirche von Kapernaum mit ihren roten Dächern. Auf dem Gelände hat man ein an den heidnischen Badeanlagen erkennbares römisches Haus gefunden, wohl das Haus des Hauptmanns von Kapernaum, der Jesus bittet, seinen Knecht zu heilen, und der in Demut bittet, aus der Ferne zu heilen, weil er weiß, dass Jesus sich kultisch unrein machen würde, wenn er das heidnische Haus betritt. Von daher ist das demütige Gebet des Hauptmanns zum Gebet vor der heiligen Kommunion geworden.

»O Herr, ich bin nicht würdig, dass du eingehst unter mein Dach. Aber sprich nur ein Wort, so wird mein Knecht/meine Seele gesund« (Lk 6, f.).

Wir gehen den Weg zurück nach Tabgha, den Blick auf den See und den Berg der Seligpreisungen gerichtet. Am Nachmittag fährt die Gruppe in aufregenden Serpentinen auf den Golan und erlebt eine wunderbare Landschaft mit weitem Blick über den See. Sie sehen die heißen Quellen von Hamat Gader und die jetzt offene Grenze nach Jordanien, wo tief unten der Jabok sich durch den Fels gegraben hat. Hier hatte einst Jakob, als er mit Leah und Rebekka reich an Vieh und Herden nach den Jahren bei Laban heimkehrte und aus Angst vor der Rache Esaus die schwere Nacht der Träume verbrachte, mit dem Engel Gottes gekämpft und den Namen Israel und den Segen

Gottes erlangt. An der Hüfte getroffen, aber gesegnet ist er aus diesem Ringen mit Gott hervorgegangen, eine tief existentielle Erfahrung des Ringens mit Gott, der dann eine gute Begegnung mit Esau und der Heimat schenkt.

Köstliche arabische Süßigkeiten und heißer Kaffee wärmen bei zugig kaltem Wetter. Ich besuche unsere philippinischen Schwestern. Es ist ein frohes Wiedersehen. Es gibt viel zu erzählen über den Tod des Papstes, über Visitation und Wahl der Generaloberin im Mai, über das Leben in Tabgha und die Seelsorge und Wallfahrten mit den Filipinos.

Abends essen wir mit Gidi und Benni und deren Frauen in einem Restaurant. Sie haben sehr skeptische Ansichten über die Friedensaussichten. Nach dem Tod von Arafat muss Abu Mazen – so die klare Forderung – die Gewalt stoppen. Das Problem der Siedler wird als ein hohes Hindernis eingestuft. Der Sicherheitsschutzzaun verhindert Attentate. Aber es werden keine Problemlösungen sichtbar, eher Schwierigkeiten.

4. »Wir sitzen alle in einem Boot«: Banias, See Genesareth, Tabor, Nazareth, Kana, Berg der Seligpreisungen

Montag, 4. April 2005

Bei Regen geht die Fahrt über den Golan nach Banias, dem biblischen Caesarea Philippi. Der Golan ist fruchtbares Land mit Früchten und Obst und vor allem den Basankühen. Das Wort Basan hängt mit Basalt, dem schwarzen Stein dieser Gegend, zusammen. Es ist die Leistung der Zionisten aus dem Osten, den Hulesee trockengelegt zu haben. Eukalyptusbäume entziehen dem Boden Feuchtigkeit. Man sieht Störche in Scharen. Drei Quellflüsse speisen den Jordan, Dan-River, Banias und Senir-Stream. Hier kommen Syrien, Libanon, Jordanien und Israel zusammen. Hier spielt der neue Film »Die syrische Braut«, die einen Weg ohne Umkehr geht.

In der Baniashöhle hat man dem Pan Menschenopfer dargebracht. Wurde Blut in den Quellen sichtbar, galt das Opfer als abgelehnt; blieb es unsichtbar, galt es als angenommen. Diese Blutopfer setzen sich fort in den modernen mörderischen Kriegen, die so viel Blut und Tränen gekostet haben. Erst 1967 wurde das Land besetzt; wegen des Wassers ist es unaufgebbar. Könnte das Anpachten eine politische

Lösung werden? Da der Weg zum Wasserfall zu glatt und gefährlich wäre, wird die Wanderung auf Mittwoch verschoben, und wir fahren zurück zum Pilgerhaus.

Nachmittags geht die Reise nach En Gev, wo einst Teddy Kollek wohnte und die Syrer gezielt Siedler erschossen haben. Wir trinken einen Cappuccino. Um 16.00 Uhr gehen wir mit unseren Theologen aufs Schiff. Sie sitzen am Bug, die Schwestern in der Schiffsmitte. Es ist bewegte See, das Wasser schlägt ins Boot. Kurz vor Tiberias stellt der Kapitän den Motor ab. Die Sonne ist herausgekommen. Unser Blick richtet sich auf die askenasische und sephardische Synagoge des Rabbi Meir und wandert um den See. Wir feiern Eucharistie.

Wir sind gerufen, Kirche zu sein. Die drei Namen von Tabgha erinnern daran: Dalmanutha, Ort der Begegnung mit Jesus, Gespräch über Berufung, Vertiefung im Glauben. Kirche muss ein Ort werden, wo wir Jesus begegnen. Tabgha, sieben Quellen speisen den See. Kirche muss der Ort sein, wo wir aus den Quellen unseres Glaubens uns nähren, aus der Heiligen Schrift, aus den sieben Sakramenten Christi. Ma-gadan, Ort, wo wir uns wohlfühlen. Kirche muss ein einladender Ort werden, wo alle sich wohlfühlen, wo suchende und fragende Menschen gern gesehen sind. »Wir sitzen alle in einem Boot.«

Es geht hoch her. Die Wellen schlagen ins Boot; die Jünger haben Angst, und Jesus schläft. Kümmert ihn nicht unsere Angst? Ist er nicht fühllos gegenüber unseren Sorgen – immer weniger Priester und Ordensberufe, immer weniger finanzielle Mittel, immer größere strukturelle Probleme. Sie wecken ihn. Er gebietet dem Sturm, und es tritt völlige Stille ein. Und Jesus – kein Wort der Entschuldigung oder des Bedauerns. Was bedeutet sein Schlafen in der Stunde der Angst und Not? Er ist mit uns im Boot. Darauf kannst du dich verlassen.

Die Schwestern von St. Trudpert haben ein Lied mitgebracht: »Wir sitzen alle in einem Boot«, von einer Frau geschrieben, die den Glauben verloren und durch die Katechese wiedergefunden hat.

Refrain:

> »Wir sitzen alle in einem Boot
> inmitten auf dem weiten Meer.
> Gemeinsam steuern wir zu unserem Ziel,
> zusammenhalten hilft uns viel.«

1. Einer macht dem andern Mut
   und hilft ihm auf seinem Weg.
   So lernen wir mit Gott dazu,
   dass jeder sein Leben besteht.
2. Für alle gibt es Kraft, zu wissen,
   einer ist da.
   Wir fühlen uns nicht mehr allein
   und wissen, Gott ist uns stets nah.
3. In unserem Herzen, da brennt ein Licht.
   Es leuchtet in uns hinein.
   Es zeigt den Weg zu Dir, o Herr,
   wir fühlen ein ganz neues Sein.«

Dienstag, 5. April 2005

Bei gutem Wetter fahren wir zum Tabor. »Tabor und Hermon jauchzen bei deinem Namen« (Ps 89, 13). Mit den berühmten Halleluja-Taxis geht es die Serpentinen hoch auf den Bergkegel. Schon sind wir am »Tor der Winde« (Bab al Hawa). Ruinen eines alten Klosters und dann die Kirche nach syrischer Art. Verklärung Christi. Es erscheinen Mose und Elijah, das Gesetz und die Propheten. Ich trage das Messgewand von Kardinal Carlo M. Martini.

Der biblische Spannungsbogen kommt vom Messiasbekenntnis über Leidensankündigung und Wort von der Kreuzesnachfolge zur Verklärung, Verwandlung, Transfiguration Christi. In Lk 9, 51 macht Jesus sein Gesicht fest; entschlossen wendet er sich zur Passion nach Jerusalem. Petrus, Jakobus und Johannes werden gestärkt; in Gethsemani sind sie wieder dabei. Auf dem Tabor hören sie die theologische Botschaft »Du bist mein geliebter Sohn.« Sie nehmen die appellative Aufforderung wahr: »Auf ihn sollt ihr hören.« Sie fühlen die emotionale Situation »Hier ist gut sein« (Mk 9, 2-10 par.). Wir brauchen Taborstunden, um Gethsemani zu bestehen.

Weiter geht es nach Nazareth, einer lauten, hässlichen Stadt, wo die Christen weniger werden. Wir machen Rast bei den Kleinen Brüdern Jesu. Hier hatte Charles de Foucauld von 1897 bis 1900 das zurückgezogene Leben Jesu nachgelebt. Ein Bruder aus Argentinien stärkt uns mit Saft. Zu Mittag essen wir in einem kleinen Restaurant Felafel und trinken Cola.

Die Verkündigungsbasilika ragt bis in den Himmel, gebaut zur Zeit der ersten Mondlandung und der positiven Aussagen des Konzils zu Schöpfung und Technik, zum

Schaffen des Menschen. Doch in diesem Dorf abseits der großen Straßen mit seinen winzigen Wohnhöhlen, da ereignet es sich. Der Engel brachte Maria die Botschaft, nicht dem Kaiser in Rom, nicht dem griechischen Philosophen, sondern einer jungen Frau aus dem jüdischen Volk. Hier kommt Gott in die Zeit und bringt die Zeitenwende. Jesus Christus hic caro factus est. Jesus Christus ist hier Fleisch geworden, ein Mensch unter Menschen.

Überall an den Wänden sind die Marienbilder der Nationen, Mexiko mit dem Gnadenbild von Guadelupe, Frankreich mit der Madonna von Lourdes, historische und moderne Gestaltungen. Das deutsche Bild hat ein Coesfelder Künstler 1987 geschaffen: Maria vor der Berliner Mauer. Und zwei Jahre später war die Mauer weg – so die Philosophie von Bruder Thaddäus.

Durch den Suk – drei Schreinereien erinnern an Josefs Beruf (hatte er hier als Joseph & Son Company den Bau von Beichtstühlen erfinden wollen?) – ziehen wir zu Gabrielskirche und Georgskloster, wo der Marienbrunnen sprudelt. Eine armenische Legende erzählt eine zweifache Verkündigung. Das erste Mal blitzt der Engel sozusagen bei Maria ab, verborgen hinter dem Strauch verkündet er seine Botschaft. Doch Maria ist keusch, conscient. Sie will genau wissen, was ist; sie will den Boten sehen. Beim zweiten Mal kommt der Engel in die Kammer ihrer Wohnung, und jetzt spricht sie ihr Fiat.

Vater Bornemann, auf die guten Vorträge seines Sohnes Ludger angesprochen, sagt, er habe noch einen weiteren Sohn, der im Bierbraugewerbe Führungen mache; und er meine, er spreche ähnlich gewinnend mit oft den gleichen Gesten.

Wir kommen nach Kana. Die Kirche erinnert an das Wunder der Wandlung von Wasser in Wein beim Hochzeitstag, am dritten Tag, der sich bei der Schöpfung durch zwei Werke Gottes als gut auszeichnet. Mein Sekretär kauft Wein für ein Brautpaar, und eine alte Dame im Laden schenkt mir als Bischof Wein aus Kana.

Um 18.00 Uhr feiern wir in Tabgha die Vesper mit. P. Jeremias OSB berichtet, dass sie nun fünf Schafe als umweltfreundliche Rasenmäher eingesetzt haben, eins aber ausgerissen sei. In wilder Jagd hätten sie, die Mönche in Kutten, das Schaf eingefangen zur Kurzweil filmender Touristen.

Abends tauschen wir uns im Rundgespräch über unsere Erfahrungen auf der Pilgerreise aus. Schwester Michaela, die gerade ewige Profess abgelegt hat, spricht von ihrer »Hochzeitsreise«.

Mittwoch, 6. April 2005

Bei gutem Wetter beten wir die Laudes in der »Bambus-kathedrale« und brechen zum Berg der Seligpreisungen auf, dessen Kirche italienische Franziskanerinnen hüten. Hoch über dem See bietet sie weiten Ausblick. »Selig, die arm sind vor Gott, denn ihrer ist das Himmelreich« (Mt 5, 3 ff.). Wir feiern heilige Messe draußen.

Ich erinnere an den Berg Sinai, an dem Gott den Bund mit seinem Volk schloss und ihm die zehn Bundesweisungen gab. Auf diesem Berg gab Jesus die große Weisung, die er mit den Seligpreisungen eröffnet. Ich erläutere besonders das »Selig, die keine Gewalt anwenden, denn sie werden das Land erben« (Mt 5, 5). Es ist meine Überzeugung, dass das Land nicht wird in Frieden besitzen können, der nicht wirklich auf Gewalt verzichtet. Wie aktuell diese Selig-preisung in der schrecklichen Gewaltlage des Landes ist! Es ist die einzige Seligpreisung, die mit einer Landverheißung verbunden ist. Nur wer Jesus ernst nimmt, wird das Land erben – und es ist groß und reich genug für zwei Völker, für Israelis und für die Palästinenser.

Nun heißt es Abschied nehmen von den Schwestern, die mir lieb geworden sind. Sie fahren nach Banias, um von spring to fall zu wandern. Morgen werden sie den Heimweg antreten und noch in Caesarea maritima Rast machen. Ich fahre zu den Theologen nach Jerusalem.

Langsam wandere ich den Berg der Seligpreisungen hinab durch die noch blühende Frühlingslandschaft, an Bananenhainen vorbei. Schwester Resurrection und Schwes-ter Leah bringen mich in ihrem neuen Auto nach Jerusalem, wo mich Schwester Ruth im Paulushaus empfängt. Ich schreibe meine Predigt zum Requiem für Papst Johannes Paul II. Abends kommen die Theologiestudenten zurück.

Um 20 Uhr spricht Tamar ben Abraham von den Frauen in Schwarz für den Frieden, über Menschenrechte und Friedensprozess, über Schutzzaun oder Trennmauer; mu-tige Frauen, die an den Checkpoints menschenwürdige Behandlung einfordern, eine Sysiphusarbeit.

Donnerstag, 7. April 2005

Früh wandern wir den Ölberg hinauf und blicken auf die Stadt in der Fluchtlinie Ölberg-Tempelberg-Golgothafelsen, Berg der Entscheidung und des Gerichts – Berg Moriah – Berg der Entscheidung und der Erlösung. Gericht sagt: Im Kreuz ist Heil. P. Hatwig hat vergessen, »Dominus flevit« für uns zu öffnen. Wir kommen zu den Prophetengräbern Zacharias, Vater Johannes des Täufers, und Absalom, dem umtriebigen Sohn Davids, zum Grab der ägyptischen Prinzessin. Salomos Heirat mit der Tochter des Pharao blieb umstritten. Hat Salomo die Legende vom Binsenkörbchen erfunden, um zu sagen, eine ägyptische Prinzessin hat das Volk Israel gerettet?

Wir gehen zur Davidsstadt und sehen die Ausgrabung des Jebusiterpalastes. Wir gehen zum Hiskijahtunnel, der Jerusalem mit Wasser versorgte und durch den sich einige wagen. Ich erinnere mich, dass wir in frühen Studienjahren die Inschrift in phönizischen Schriftzeichen und in hebräischer Sprache entziffert haben.

Gegenüber liegt das Dorf Silvan. Seit 14 Tagen gräbt man am Siloahteich, offensichtlich erfolgreich, wie spätere Nachrichten erhärten. Wir gehen zum Ophel und sehen die Ausgrabungen am Tempel. Der Türsturz der Nea, der neuen Kirche der Gottesmutter (Lage am Parkplatz vor dem Zionstor und Dormition Abbey) zeigt ein Kreuz mit vier Rosen, aus dem sich das Jerusalemkreuz entwickelt, das die fünf Wundmale Jesu symbolisiert.

Wir sehen die Hulda-Tore, wo die Prozessionen in den Tempel zogen. Die Tempelreinigung Jesu, die hier stattfand (Mt 21, 12-21), könnte als eine eschatologische Tat Jesu gedeutet werden. Das Prophetenbuch des Sacharja schließt mit dem Vers »Und kein Händler wird an jenem Tag mehr im Haus des Herrn der Heere sein« (Sach 14, 21).

Die Tempelaristokratie, die Ältesten, das ganze Tempelestablishment wird gemäß matthäischer Kritik verschwinden. Das große »Laubhüttenfest« hat begonnen, zu dem alle, die durch das Gericht gereinigt wurden, eingeladen sind: Israel und die Völker. Die Völkerwallfahrt zum Zion beginnt. Doch das Tempelestablishment versteht diese Botschaft Jesu nicht, seine Einladung, dass der Tempel ein Bethaus für alle Völker sei. Darauf hatte schon Jesu Einzug in Jerusalem hingewiesen, der auf dem Hintergrund von

Sacharja 9, 9 zu lesen ist. Der Tempel – so das Urteil Jesu – ist wie der verdorrte Feigenbaum: voller Blätter, aber fruchtlos. Das Heil für alle Völker beginnt mit Jesu Kreuzestod zu unser aller Heil.

Wir schauen die Priestergräber im jüdischen Viertel. Sie erzählen von der Sicherheit, dass Priester und Tempel nicht untergehen können. Und dennoch machen die Römer alle nieder und gründen die gottlose Stadt Aelia Capitolina, die kein Jude mehr betreten darf. Wir bewundern den großen Priesterpalast, der jüdische und römische Kultur verbindet, z. B. eine Mikweh und ein römisches Bad, sowie Mosaike mit ornamentalen Motiven. Ein Cappuccino mit Sachertorte im österreichischen Hospiz schließt den Nachmittag. Abends lädt Dr. Wilhelm Bruners zum Wein ein.

Freitag, 8. April 2005

Heute steht Yad Vashem auf dem Programm. Das gute Wetter trübt sich mittags durch den Chamsin ein. 50 Mal gibt es Chamsin, 25 Mal im Frühjahr und 25 Mal im Herbst. Wir fahren vorbei am Mandelbaumtor (benannt nach der Villa Mandelbaum) und an Mea Shearim (1000 Tore, Stadt der ultrakonservativen Juden), an Israel-Museum und Parlament.

Zwei Berge dienen dem nationalen Gedenken des säkularen Israel: der Herzl-Berg mit den Gräbern von Herzl, Rabin und den Soldaten des Unabhängigkeitskrieges und der Har HaZikaron, auf dem Yad Vashem liegt, »Denkmal und Name«, benannt nach Jes 56, 5. »Ihnen errichte ich in meinem Haus und in meinen Mauern ein Denkmal, ich gebe ihnen einen Namen …, einen ewigen Namen gebe ich ihnen, der niemals ausgetilgt wird.«

Die Halle der Erinnerung mit der ewigen Flamme und den eingegrabenen Namen der Konzentrationslager lässt uns verstummen und uns sammeln. Der Kranz von Bundespräsident Horst Köhler liegt noch dort von seinem respektvollen Besuch. Die Halle erinnert auch an den Besuch von Papst Johannes Paul II., der hier ehrfurchtsvoll und zugewandt den Holocaust-Opfern begegnete.

Noch mehr ergreift mich »The Children's Memorial«, jene abgedunkelte Halle mit den Lichtern wie Sternen, wo die Namen der ermordeten Kinder in ununterbrochener Folge genannt werden; 1,5 Millionen Kinder wurden Opfer der Shoah.

Wir gelangen ins Tal der untergegangenen Gemeinden,

deren Namen in mächtigen Quadern eingemeißelt sind. Wir lesen die zahllosen Namen der Gemeinden, besonders auch aus unserem Bistum. Wir sehen die Avenue der Gerechten unter den Völkern, die ihr Leben riskierten, um Juden zu retten. Da der Platz für Bäume nicht mehr reicht, hat man nun ihre Namen auf Steintafeln geschrieben.

Es ist mir eine große Freude, den Namen Joseph Höffner und den seiner Schwester Helene zu finden. Der Freiburger Rundbrief (3/2002/162-165) hatte einen Bericht von mir abgedruckt, den ich 1991 erarbeitet hatte. Joseph Höffner hatte von 1942 bis 1945 ein jüdisches Mädchen, Esther Sara Meyerowitz alias Christa Koch, in seiner Pfarrei Keil versteckt, zunächst im Pfarrhaus, dann beim Landwirt Heucher. In seinem Elternhaus hatte er die Jüdin Dr. Edith Nowak untergebracht. Diese Nachforschungen waren Anlass, dass Yad Vashem dem verstorbenen Kardinal und seiner Schwester den Titel »Gerechte der Völker« zuerkannte. So kann ich dem Bischof danken, der mich zum Priester weihte.

Wir besuchen das neue Holocaust-Museum. Wie eine Ackerfurche durchschneidet es den Berg. Von oben fällt Licht ein. Links und rechts sind die Ausstellungsräume. Jeder muss jeden Raum betreten. Vom Holocaust bleibt einem nichts erspart. Das ganze Grauen steht uns vor Augen und fällt düster in unsere Seelen mit Fragen nach Schuld und Verstrickung. Architektonisch geht es immer tiefer hinab bis in die Todesmaschinerie von Auschwitz und Birkenau. Die Halle der Namen fasst noch einmal Bilder und Namen der Tausend und Abertausend Ermordeten.

Und dann öffnet sich die Ackerfurche des Museums in die Landschaft mit grünen Bäumen und weitem Blick. In Eretz Israel liegt Hoffnung und Zukunft. Eine jüdische Frau aus Argentinien gesellt sich zu uns, deren Eltern in der Nazizeit nach Buenos Aires auswandern konnten. Im Spiegel ihrer Augen und ihrer Worte wird die verlorene Generation der Juden lebendig.

Bischof Klaus Hemmerle hatte einst zu einer Pogromnacht gesagt:

>   »Man hat meinem Gott das Haus angezündet
>   – und die Meinen haben es getan.
>   Man hat es denen weggenommen,
>   die mir den Namen meines Gottes schenkten

– und die Meinen haben es getan.
Man hat ihnen ihr eigenes Haus weggenommen
– und die Meinen haben es getan.
Man hat ihnen ihr Hab und Gut, ihre Ehre,
ihren Namen weggenommen
– und die Meinen haben es getan.
Man hat ihnen das Leben weggenommen
– und die Meinen haben es getan.
Die den Namen desselben Gottes anrufen,
haben dazu geschwiegen.
– Ja, die Meinen haben es getan.
Man sagt: Vergessen wir's und Schluss damit.
Das Vergessene kommt unversehens,
unerkannt zurück.
Wie soll Schluss sein mit dem, was man vergisst?
Soll ich sagen: Die Meinen waren es, nicht ich?
– Nein, die Meinen haben so getan.
Was soll ich sagen?
Gott sei mir gnädig.
Was soll ich sagen?
Bewahre sie in Deinem Namen.
Bewahre in mir ihren Namen,
bewahre in mir ihr Gedenken,
bewahre in mir meine Scham:
Gott, sei mir gnädig.«

Am Abend hören wir eine Einführung von Dr. Bruners in die Shabbat-Liturgie: Die Befreiung Gottes im Exodus, die Schöpfungstat Gottes und der neue Bund werden zelebriert. Nahe dem Parlament gehen wir zum Maariv-Gebet in die Synagoge Moreshet Yisrael Yerushalajim, wo hebräisch und englisch gesungen und gesprochen wird.

Mit Hodu Dodi wird die Königin Sabbah wie eine Braut empfangen und geehrt. Im Schlussgebet heißt es:

»An uns ist es, den Herrn des Alls zu preisen,
dem Schöpfer des Anfangs Größe zu geben,
dass er uns nicht geschaffen hat
wie die Völker und Länder,
uns nicht hat werden lassen
wie die Völkerfamilien der Erde,
unseren Teil und unser Los nicht
mit dem ihrer ganzen Menge gleichgesetzt hat.
Wir aber bücken uns, werfen uns nieder

und danken dem König der Könige, dem Heiligen.
Gelobt sei Er, der den Himmel spannt,
die Erde gründet.
Der Sitz seiner Ehre ist der Himmel oben,
die Gegenwart seiner Macht
ist in den höchsten Höhen.
Er ist unser Gott – keiner sonst.
In Wahrheit ist Er unser König,
nichts besteht außer Ihm,
wie es in Seiner Thora geschrieben ist.
Erkenne es heute, nimm es dir zu Herzen,
dass der Ewige, Er, der Gott ist im Himmel oben
und auf der Erde unten – keiner sonst ...«

Während die jüdische Familie, um den Tisch mit den Shabbat-Lichtern geschart, Kiddusch betet und Mahl hält, essen wir in einem arabisch-christlichen Restaurant bei arabischer Musik Salate, Fleischspieß und Pommes bei Bier aus tschechischem Hopfen, nach deutschem Patent, in California gelernt.

Samstag, 9. April 2005
Die Theologen fahren nach Bethlehem. Schwester Ruth erzählt vom Paulushaus und dem »Schmidt's Girls College«. Von Lama Tarayra, 18 Jahre alt, die den Stuttgarter Friedenspreis erhielt und deren Lebensgeschichte in Margret Greiners »Jefra heißt Palästina« verdichtet ist. Welche Pioniertat unserer deutschen Schwestern, Schulen für arabische Mädchen, Christinnen und Muslimas zu gründen!

Ich nehme Abschied von Jerusalem, gehe durch den Suk, treffe auf bekannte Pilgergesichter und bete in Stille auf Calvaria.

Am Mittag geht's zum Airport Ben Gurion. Der Taxifahrer ist christlicher Araber, dessen Sohn Erstkommunion feiert. Die Familie ist von den Juden aus Jaffo vertrieben worden. Er lebt in Jerusalem mit sechs Personen auf 20 Quadratmetern. Mit dem Taxi verdient er recht und schlecht für Familie und Auto. Er sieht keine Zukunft, die besser würde. Jerusalem ist abgeriegelt wegen einer Demonstration von 20 000 Siedlern aus Gaza, die gegen Sharons Politik agieren.

Nach quälender Abfertigung sitze ich im Flugzeug, um morgen im Aachener Dom das Requiem für den Vater der Christenheit, Papst Johannes Paul II. zu halten, dessen Beerdigung das israelische Fernsehen ganz übertrug und dessen Kommentator vom »Papst der Juden« sprach. So sehr war er auch in Israel geschätzt.

»Freut euch mit Jerusalem.« Ich liebe diese Stadt mit Felsendom, Klagemauer und Grabeskirche. Shalom Ben Chorin (Ich lebe in Jerusalem) bekennt: »Jerusalem bleibt für uns das Herz der Welt, ... vom Licht der Ewigkeit überstrahlt. Mythos und Realität – wer könnte sie in Jerusalem voneinander trennen?«

»Ich lebe in Jerusalem, und Jerusalem lebt in mir.«

Am meisten liebe ich Jerusalem, wenn die Abendsonne den weißen Jerusalem-Stein, aus dem die ganze Stadt erbaut ist, rötet. Dann empfinde ich, was Else Lasker-Schüler in ihren letzten Gedanken aus dem Gedicht Sulamith schreibt:

»Und meine Seele verglüht in den Abendfarben Jerusalems.«

**Unter Führung
des Evangeliums
wollen wir seine Wege gehen**

Benedikt-Regel Prolog 21

**Pilgerreise
ins Heilige Land
12. bis 22. April 2004**

Wir haben die Kar- und Ostertage gefeiert. Sie hatten in diesem Jahr einen besonderen Glanz. Am Karsamstag, dem Sabbat in der Paschawoche, betete ich in unserer Synagoge den Morgengottesdienst der Jüdischen Gemeinde mit, und wir feierten den 50. Geburtstag unseres Rabbiners.

Als Haftara hörten wir die Vision des Propheten Hesekiel von der Auferstehung Israels. Gott »sagte zu mir: Menschensohn, diese Gebeine sind das ganze Haus Israel. Jetzt sagt Israel: Ausgetrocknet sind unsere Gebeine, unsere Hoffnung ist untergegangen, wir sind verloren. Deshalb tritt als Prophet auf und sag zu ihnen: So spricht Gott, der Herr. Ich öffne eure Gräber und hole euch, mein Volk, aus euren Gräbern herauf. Wenn ich eure Gräber öffne und euch, mein Volk, aus euren Gräbern heraufhole, dann werdet ihr erkennen, dass ich der Herr bin. Ich hauche euch meinen Geist ein, dann werdet ihr lebendig, und ich bringe euch wieder in euer Land. Dann werdet ihr erkennen, dass ich der Herr bin. Ich habe gesprochen, und ich führe es aus – Spruch des Herrn« (Ez 37, 11-14).

Es war wunderbar, mit dieser Hoffnung Israels begabt in der Osternacht die Auferstehung unseres Herrn Jesus Christus zu feiern, die österliche Hoffnung zu besingen und die Erlösung zu preisen. Dreimal klingt in aufsteigender Melodik das österliche Halleluja auf.

Dieses Osterfest ist auch deshalb von so tiefer Freude durchstimmt, weil die östliche und westliche Christenheit in diesem Jahr den Festtag der Auferstehung Christi am gleichen Tag feiert. Bischof Evmenios mit Archimandrit und Priester feiert die katholische Vesper im Mariendom mit. Ich gehe abends zur griechisch-orthodoxen Vesper in die Kirche des heiligen Dimitrios.

> »Auferstehungstag!
> Lasst uns glänzen beim Volksfest
> und einander umarmen.
> Lasst uns Brüder nennen
> auch die, die uns hassen.
> Verzeihen wir alles ob der Auferstehung,
> und so lasst uns rufen:
> Christus ist auferstanden von den Toten,
> durch den Tod hat er den Tod zertreten
> und denen in den Gräbern das Leben geschenkt.
> Christus ist auferstanden.
> Christus ist auferstanden.
> Christus ist auferstanden.«

Mit dieser Erfahrung im Herzen brechen wir frühmorgens am Ostermontag (12. 4.) nach Israel auf zu stillen Tagen der Besinnung am See: der Bischof von Münster mit zwei Begleitern und der Bischof von Aachen. Wir erwarten am nächsten Tag 27 klausurierte Nonnen, Benediktinerinnen von Dinklage, Klarissen von Münster und Karmelitinnen von Lembeck. Die Klausur soll mitfahren, und zu ihrer Absicherung waren von Nordghana die (Erz-)Bischöfe von Wa, Tamale, Navrongo-Bolgatanga, Damongo, Yendi eingeladen. Aber da die nächste israelische Botschaft in Lagos/Nigeria liegt, 1000 Kilometer mit dem Jeep durch Busch und Wüste, über Flüsse und Felsen, und die Bearbeitung schleppend mit immer neuen Auflagen geschieht, verstreicht die Zeit.

Es wäre zu schön gewesen, wenn auch der Altbischof von Tamale, Erzbischof em. Peter Poreku Dery, hätte mitfahren können, der eine Karriere vom Assistenten des Opferpriesters – er musste jeweils den widerspenstigen Ziegenbock zum Opfer auf den Berg ziehen – zum katholischen Erzbischof hinter sich hat.

Der Flug dauert von 10.15 Uhr ab Frankfurt/Main bis 15.00 Uhr an Tel Aviv. Ein Münsteraner Zivi holt uns ab. Wir machen Quartier im Pilgerhaus zu Tabgha.

Am nächsten Morgen (Dienstag, 13. 4.) sehen wir den See, voller Wasser, 12 Zentimeter unter dem Höchststand, die Wasserreservoirs und Zisternen im Land sind voll, und die Schneeschmelze des Hermon wird weiteres Wasser bringen. Teichhühner schreien erschrocken auf, und ein ganzer Tross Klippdachse hat sich zutraulich am Ort des Schweigens versammelt. Bei der Messe in der Basilika treffen wir in großer Freude unsere benediktinischen Schwestern und Brüder wieder.

Wir fahren westlich des Sees hinaus Richtung Haifa nach Ibillin zu Fr. Elias Chacour. Er hat die erste christliche arabische israelische Universität gegründet. Lange hatte er daran gearbeitet und über eine rechtliche Anbindung an die University of Indianapolis die Anerkennung der akademischen Grade in den USA erreicht, sodass beim Nachbohren das Wissenschaftsministerium ihm im Oktober (2003) schriftlich bestätigte, die akademischen Grade seiner Universität genießen weltweit und in Israel Anerkennung. Das Prophet-Elias-Schulwerk umfasst vom

Kindergarten bis zur Universität alles einschließlich beruflicher Bildung und vereinigt 4500 christliche, jüdische, muslimische und drusische Kinder und Eltern zu einem großen Erziehungswerk für Frieden und Gerechtigkeit. Damit schafft Chacour Arbeitsplätze für Erzieherinnen, Lehrer, Dozenten, Sozialarbeiter und andere wie Köche, Putzkräfte, Bauleute. Der jüdische Staat refinanziert die Lehrergehälter nach Leistung. Er besteht auf Lehrerfortbildung in christlicher Ethik und Friedenserziehung. Chacour zeigt uns stolz seine neue Aula, Verwaltungsgebäude und Kirche, ein Schiff, mit buddhistischen Preisgeldern gebaut. Er weist darauf hin, dass gerade die von uns gestifteten chinesischen Marmorplatten verlegt werden. Wir fahren durchs Gelände mit den verschiedenen Schulbauten, Sportanlagen und Kantinen. Im September wird ein Wohnheim für Studentinnen fertiggestellt sein.

Unser Weg führt uns nach Deir Hanna, um Abuna Jacoub zu besuchen, der aber den Tod eines Freundes in Jerusalem betrauert. Doch der Einsiedler Cornelius Soekeland macht uns Tee. Der Blick geht von See zu See (Mittelmeer – See Genesareth) und von Berg zu Berg (der schneebedeckte Hermon – Tabor, die Hörner von Hittin). Das Gelände wurde nach und nach erworben; immer noch ist es durchschnitten von israelischem Besitz. Ölbäume, Weinstöcke, Kiefern und ein Gästehaus. In der Kirche, im Grunde eine ausgebaute Zisterne, singen wir das österliche Halleluja und das Regina coeli.

Weiter geht die Fahrt zum See, wo wir in einer Taverne arabische Vorspeisen und Petersfisch genießen.

Abends kommen unsere münsterischen Schwestern an, neugierig, aufgeregt, voller Begeisterung, voller Leben. Mit von der Partie sind Frau Dr. Eva Maria Streier und der Pilgerleiter Martin Burzlaff.

Bischof Reinhard stellt in abendlicher Runde das Projekt geistlicher Besinnung an den Stätten Jesu vor und stellt die Pilgerreise unter das Wort des heiligen Benedikt: »Gürten wir uns also mit Glauben und Treue im Guten, und gehen wir unter Führung des Evangeliums seine Wege, damit wir ihn schauen dürfen, der uns in sein Reich gerufen hat« (Regula Benedicti, Prologus 21: »Succinctis ergo fide vel observantia bonorum actuum lumbis nostris per ducatum evangelii pergamus itinera eius, ut mereamur eum, qui nos vocavit in regnum suum videre«).

»Unter Führung des Evangeliums seine Wege gehen«:

Das ist das Programm unserer Pilgerreise durch das Heilige Land. Das ist das Programm unserer Pilgerfahrt durch dieses Leben.

Mir hängt das morgendliche Evangelium noch nach, die Ostererfahrung der Maria aus Magdala (Joh 20, 1 f. 11-18). Sie erfährt die erste österliche Erscheinung des auferstandenen Herrn. Sie stammt aus Magdala, gleich neben Tabgha, an der Nordwestecke des Sees Genesareth. Es muss eine umdüsterte, umnachtete Seele gewesen sein, depressiv und besessen von Ängsten und Störungen. Sieben Dämonen soll Jesus aus ihr getrieben haben, sagt Lukas (8, 2). Befreit von dieser Last, folgt sie Jesus, dankbar und froh, »sie dient«, wohin immer er geht, bis unter das Kreuz.

»Am ersten Tag der Woche kam Maria von Magdala frühmorgens zum Grab und sah, dass der Stein vom Grab weggenommen war« (Joh 20, 1). Sie holte schnell die Apostel Petrus und Johannes, und es kommt zu einem denkwürdigen Wettlauf zum Grab. Sie sehen im Grab den leeren Platz und die Tücher, in die Jesus gehüllt war, und Johannes »sah und glaubte« (20, 8). Maria von Magdala ist offensichtlich mitgekommen. Sie stand allein draußen und weinte. Jesus ist weg.

Und dann kommt die eigentümliche Szene, die Patrick Roth zu seiner Novelle »Magdalena am Grab« (Insel-Bücherei Nr. 1234, Baden-Baden 2003) inspiriert hat. Maria beugt sich vor und sieht im Grab zwei Engel, am Kopf- und am Fußende, wo der Leichnam Jesu gelegen hat. Es folgt der Dialog. Der Engel fragt nach dem Grund des Weinens. Maria klagt, dass man ihren Herrn weggenommen hat.

Nun wendet sie sich um und sieht eine Gestalt im Eingang stehen, erkennt sie aber nicht. Das scheint erklärlich, weil die Gräber mit dem mühlsteinartigen Verschluss nach Osten gerichtet sind, sodass man – von der aufgehenden Sonne geblendet – im Gegenlicht nicht richtig sieht. Dazu kommen die Tränen in den Augen. Jesus fragt Maria nach ihrem Schmerz: »Warum weinst du? Wen suchst du?« Das Weinen konzentriert auf die seelische Benommenheit, die auch die Stimme Jesu nicht erkennen lässt.

Das Suchen spricht den inneren Seelenvorgang an. Maria denkt, es sei der Gärtner, und bittet ihn, falls er den Leichnam weggetragen habe, ihn ihr zu zeigen. Da spricht Jesus sie mit ihrem Namen an: »Maria!« Und nun geschieht das Eigentümliche. Sie, die Jesus zugewandt steht, dreht sich noch einmal um. Roth denkt es so, dass Maria an Jesus vorbeigelaufen sei, um den Leichnam zu suchen, und habe sich so noch einmal umgewandt.

Diese Auslegung scheint die Visionen der Anna Katharina Emmerick, wie Clemens Brentano sie aufgezeichnet hat, zu bestätigen. Die Einheitsübersetzung sagt: »Da wandte sie sich ihm zu.« Aber von »ihm zu« ist im Urtext nicht die Rede. Luther übersetzt richtig: »Da wandte sie sich um ...« und spricht Rabbuni, ein wenig in gehobenerer Sprache als Rabbi, so wie auch Gott als »Herr und Meister« angeredet wird. Aus dem Alten Testament wissen wir, dass Gott nicht angeschaut werden kann. Johannes weiß das. »Keiner hat Gott je gesehen« (Joh 1, 18). Und Moses verhüllt sein Gesicht, als er aus dem brennenden Dornbusch die Stimme hört, »denn er fürchtete sich, Gott anzuschauen« (Ex 3, 4).

Später heißt es: »Du kannst mein Angesicht nicht sehen, denn kein Mensch kann mich sehen und am Leben bleiben« (Ex 33, 20). Gott kann nicht angeschaut werden. Wenn er sich bemerkbar macht, schickt er seine Medien, seine Engel. Und regelmäßig befällt die Menschen Furcht. Und regelmäßig beginnen die Erscheinungsgeschichten mit dem »Fürchtet euch nicht«, wie die Engel den Hirten an Weihnachten sagen.

»Und Magdalena: wen sieht sie? Sie sieht den, dessen grauenhaften Tod sie miterlebt hat. Er ist es, aber wer ist er jetzt? Sie erkennt ihn wieder, aber in der Magdalenensekunde erkennt sie auch, wer er wirklich ist, Rabbuni, der auferstandene Herr der Welten, der Sohn Gottes, Gott selbst. Johannes will seinen Lesern blitzartig klarmachen, dass Jesus Gott ist. Und darum wendet sie sich ab. Sie muss sich abwenden, denn: ›Keiner hat Gott je gesehen.‹ Es geht um den Unterschied des Vorher und Nachher. Jesus ist nicht einfach wieder lebendig geworden und derselbe, der er vor seinem Tod gewesen war. Er ist ein ganz anderer. Diese Differenz arbeitet der Text heraus.« So hat es Eckhard Nordhofen gedeutet (FAZ, 11. 4. 2004). »Der Gedanke wird noch durch jenes berühmte »noli me tangere« verstärkt. »Berühre mich nicht.« Nicht ansehen und nicht anfassen, nicht jetzt, nicht in diesem Leben.

»Dann aber«, wird Paulus im 1. Korintherbrief schreiben, »schauen wir von Angesicht zu Angesicht« (1 Kor 13, 12). Es gibt dieses eigentümliche Sich-zu-erkennen-Geben mit Sehen, Essen und Berühren und gleichzeitig dieses Sich-Entziehen. »Ich bin noch nicht zum Vater hinaufgegangen.« Und Maria »verkündet« den Jüngern, seinen Brüdern, was Jesus ihr sagte: »Ich gehe hinauf zu meinem Vater und zu eurem Vater, zu meinem Gott und zu eurem Gott.«

Zur Komposition des 20. Kapitels bei Johannes gehört die folgende Thomasgeschichte als Gegentext. Thomas macht die Berührung zur Bedingung für seinen Glauben. »Wenn ich meinen Finger nicht in die Male der Nägel und meine Hand nicht in seine Seite lege, glaube ich nicht.« Aber der ungläubige Thomas wird durch das Angebot Jesu beschämt: »Lege deine Finger hierher und sieh meine Hände; nimm deine Hand und lege sie in meine Seite, und sei nicht ungläubig, sondern gläubig« (Joh 20, 25, 27).

Caravaggio hat diese Szene drastisch neugierig blasphemisch übersteigert und die Absurdität dieses empirischen Gottesbeweises gemalt. Im Text sagt Thomas nur stammelnd und beschämt, aber gläubig: »Mein Herr und mein Gott«. Und die ganze Szene mündet in die Verheißung: »Selig, die nicht sehen und doch glauben« (Joh 20, 28 f.). Denn darum geht es: nicht nur Wiedererkennen des irdischen Jesus, sondern auch Durchstoßen zu der gläubigen Erfahrung: Er ist der auferstandene Herr der Welten.

Ich wünsche uns diese blitzartige Erkenntnis der Magdalenensekunde, dass Jesus, das fleischgewordene Wort Gottes (Joh 1, 18), als der auferstandene Herr leibhaft mit den Wundmalen des Todes als derselbe erkennbar bleibt, aber gleichzeitig sich entzieht als der »ganze Andere«, als das ewige Wort Gottes. So zeigt er sich uns ganz präsent und ganz entzogen. Warum also dreht sich die ehemalige Sünderin am Grab Jesu zweimal um: weil Jesus, den sie kannte, nun Herr der Welten ist.

Am nächsten Morgen (14. 4.) versammeln wir uns zur Laudes in der »Bambuskathedrale« um den Altarstein. Am Pilgerhaus wächst der einzige Bambus in Israel, einst von den Lazaristen angepflanzt. Pfarrer Ludger Bornemann führt in die Geschichte des Pilgerhauses ein. Schon die Bibel kennt den Ort Kinnereth (Dtn 3, 17; Jes 19, 35; Mk 6, 53; Mt 14, 34), auf dem Tell el-ʿOreme gelegen, wo Archäologen der Mainzer Universität erfolgversprechende Grabungen durchführen. Man hat am Ufer den ehemaligen Hafen zugänglich gemacht. Der Ort liegt am palästinensischen Einbruchgraben 210 Meter unter dem

Meeresspiegel. 1850 kommt Franz Keller. 1889 bauen die Lazaristen ihr Haus auf besetztem Beduinenland, für das sie Kamele geben. Die Engländer sind im Land. Die Patres kümmern sich um Schule, Katechese und Bildung. Anfang des 19. Jahrhunderts wird Karl May als Gast geführt. 1920 übernehmen die Benediktiner das Land. 1935 entdeckt man unter Abt Maurus Kaufmann das berühmte Mosaik mit der Szene der Brotvermehrung.

1982 weiht Kardinal Höffner Basilika und Kloster ein, die wir nun besuchen: der Stein unter dem Altar, das Mosaik des Paradiesgartens und der Brotvermehrung, die uns mahnt, eine Kirche des Teilens, des Mitteilens, der Teilgabe und der Teilhabe zu sein, geschwisterlich das Brot zu teilen, das tägliche Brot, das eucharistische Brot.

Wir feiern Eucharistie in Dalmanutha; die Schwestern sind ganz ergriffen von dem Zauber dieser Stunde am See unter den Bäumen, zwischen den Blumen, und der Herr ist mitten unter uns. Bischof Reinhard spricht von der Vision der Kirche: ein Ort, wo wir Jesus begegnen und im Gespräch über Berufung sind, ein Ort, wo wir aus den guten lebendigen Quellen unseres Glaubens schöpfen und austeilen, ein Ort, wo wir uns wohlfühlen dürfen – das soll Kirche sein und immer mehr werden. Es ist schön zu beobachten, wie geschwisterlich die einander weitgehend unbekannten Nonnen miteinander umgehen, wie gut sich benediktinische, franziskanische und theresianische Spiritualität mischen und ergänzen. Selbst unsere Klippdachse und Vögel machen da mit. Zu Mittag klettern die Temperaturen auf 36 Grad Celsius.

Die philippinischen Schwestern haben zum Kaffee eingeladen. Arabisches Gebäck mit Dornenkrone und Schwamm Christi wird gereicht. Es tut gut, alte Freundinnen wiederzutreffen. Wir verabschieden uns und nehmen ein Bad im alten Hafen am See.

18.30 Uhr ist feierliche Ostervesper in der Basilika, und die Holy-Land-Society lädt zum Abendessen in einem Restaurant am See. Ein Arrak auf Ludger Bornemanns Balkon rundet den Tag ab.

II. »Dort werdet ihr ihn sehen« (Mt 27, 2)

Auf dem Programm des neuen Tages (15. 4.) stehen Kana, Nazareth und Tabor. Es ist kühl und bedeckt. Nach der

Laudes fährt der Bus nach Osten durch die frische galiläische Landschaft. Wir kommen zur Kirche von Kana, wo französische Franziskaner Trauungen halten. Sechs Krüge auf dem Hochaltar erzählen von dem Weinwunder, das Jesus hier wirkte, sein erstes Zeichen. »Am dritten Tag« (also am Dienstag) – Hinweis auf die Auferstehung – feiert die Landbevölkerung Galiläas noch heute Hochzeit, sieben Tage lang, mit Familie und Clan und bis zu 400 Gästen. Es ist ein Fest der Freude. Eine Katze hat sich zwischen uns gesetzt und lauscht aufmerksam Domvikar Stefan Böntert. So Schönes hat sie wohl noch nie gehört. Wir beten die Sext.

Wir steuern Nazareth an und kommen zur orthodoxen Gabrielskirche, wo der Marienbrunnen sprudelt. Von diesem lebendigen Wasser haben mit Sicherheit Maria und Jesus geschöpft. Hier wird die Verbundenheit mit Jesus und Maria spürbar. Sehnsucht nach dem lebendigen Wasser wird wach. Der Dorfbrunnen ist Treffpunkt der Frauen, zugleich Viehtränke und auch Heiratsmarkt. Die Botschaft des Engels steht eingeschrieben: »Sei gegrüßt, freue dich, du Begnadete, der Herr ist mit dir« (Lk 1, 28). Die goldene Ikonostase glänzt. Eine Ikone zeigt den Tod Mariens, Jesus trägt die Seele Mariens wie ein Kind zum Himmel. Er trägt sie, die ihn getragen hat.

Wir gehen durch den Suk, riechen Gerüche, sehen aller Art Waren und hören arabische Menschen. Unser Bruder Thaddäus OFM aus Flamschen freut sich, seinen Bischof und so viele münsterländische Schwestern zu sehen. Er führt uns durch Ausgrabungen und Höhlen. Er schenkt uns ein selbstgemaltes Bild des Emmerick-Hauses.

Vor der Grotte des Hauses von Nazareth darf ich zelebrieren. Die Schwestern singen Choral. Die Botschaft dieser Stunde ist: »Verbum hic caro factum est.« – »Das Wort ist hier Fleisch geworden.« (Joh 1, 18) Inkarnation des Gottessohnes in die konkrete Fleischlichkeit des Menschen hinein: »Schule der Humanität« hatte Papst Paul VI. das Haus von Nazareth genannt.

Mir fallen die Abschiede Jesu von Nazareth ein. Zum ersten Mal verlässt der 12-jährige Jesus Nazareth, um das Pessachfest in Jerusalem mitzufeiern (Lk 2, 41-52). Es ist seine Bar Mizwa, er wird ein »Sohn des Gesetzes« und ist religionsmündig und auf die Thorah verpflichtet. Voller Eifer bleibt er im Tempel und diskutiert über die Thorah mit den Gelehrten. Die Eltern suchen ihn voller Angst.

Man könnte dies das erste Spüren seiner Berufung nennen. Wenn wir die Berufung spüren und Begeisterung uns ergreift, dann sind wir voll Eifer ganz bei der Sache und vergessen im Überschwang gern Familie und Pflichten.

Zum zweiten Mal verlässt Jesus Nazareth, um sich am Jordan von Johannes taufen zu lassen (Mt 3, 13-17). Die Stimme des Vaters beglaubigt ihn und seine Sendung, und Gottes Geist ist mit ihm. Dies ist die Stunde der Profess bzw. der Weihe. Hier wird er herausgenommen aus den Menschen und für die Menschen bestellt.

Zum dritten Mal verlässt Jesus Nazareth, um »in seine Stadt«, nach Kafarnaum, seiner Hauptwirkungsstätte in Galiläa, zu gehen (Mt 9, 1; Lk 2, 3; vgl. Mt 4, 13). Hier können wir daran denken, dass Jesus sein öffentliches Wirken beginnt und seine Sendung erfüllt. Wir können es vergleichen mit dem Antritt einer Stelle oder dem Beginn der klösterlichen Tätigkeit in konkreten Aufgabenbereichen.

Zum vierten Mal schließlich verlässt Jesus Nazareth, nachdem er unter Beifall aller die Stelle beim Propheten Jesaja, dass Gottes Geist auf ihm ruhe und er gesandt sei zu heilen und zu helfen, auf sich und seine Sendung bezogen hatte. Als er aber auch kritische Äußerungen gegen die Einwohner tut, wollten sie ihn voll Wut vom »Berg des Absturzes« in den Tod hinabstürzen. »Er aber schritt mitten durch die Menge hindurch und ging weg« (Lk 4, 16-30). Jesus erfährt Zustimmung und Beifall, aber auch Ablehnung und Todesgefahr. Das ist etwas, das in jedem Priester- und Ordensleben vorkommt und uns als Prüfung in unserer Berufung gegeben ist.

In Nazareth hat Jesus sein verborgenes Leben geführt. In der Nachfolge dieses verborgenen Jesus wollte Charles de Foucauld sein Leben in Armut und Verborgenheit verbringen. Drei Jahre lebte er hier. Wir besuchen das kleine Kloster mit seiner schlichten Kapelle. Im Hof essen wir zu Mittag. Die drei Kleinen Brüder zaubern im Nu Tee, Kaffee und arabisches Gebäck herbei. Und die Stille des Ortes tut gut.

Wir fahren zum Tabor, dem »Berg«, der kegelförmig aus der wunderbar fruchtbaren Ebene ragt, hier im Grenzgebiet der Stämme Sebulon und Naftali, im »Land, das im Finstern liegt« (Jes 9, 1; Mt 4, 16). Leider ist die Sicht diesig, sodass wir Nain, En Dor und das Gilboa-Gebirge kaum sehen, wo König Saul und Jonathan den Tod fanden. Jedenfalls begrüßen uns Schwester Faustinas Kühe gebührend. Wir singen die lateinische Vesper und fahren mit wenigen Taxen den serpentinenreichen Weg hinab.

Heute (16. 4.) stehen die Primatskapelle und Kapernaum auf dem Programm. Es regnet stark. Franziskaner und Benediktiner/innen von Tabgha kommen aus der Nacht. Wir feiern Eucharistie. Das 21. Kapitel des Johannesevangeliums spricht von der Nacht der Vergeblichkeit. Die Apostel waren an ihre alten Arbeitsplätze zurückgekehrt, resigniert, mutlos, die Sache Jesu war vorbei. »Aber in dieser Nacht fingen sie nichts«(V 3). Ich denke an meine Priester, an meine pastoralen Mitarbeiterinnen und Mitarbeiter, an Tage und Nächte der Vergeblichkeit, an Mutlosigkeit und Resignation im pastoralen Dienst und kirchlichen Leben.

»Als es Morgen wurde, stand Jesus am Ufer ...« (V 4). Ja, das kann geschehen nach unseren Nächten der Vergeblichkeit. Er steht am Ufer, er wartet auf seine Jünger, er wartet auf uns. Jesus schickt sie erneut zum Fischfang, und sie fingen eine große Menge Fische. 153 große Fische. 153, sei es die Zahl der damals bekannten Fischarten, sei es die triangulare Zahl 1+2+3+4 ... + 17= 153, die heilige Zahl 7, mit der des Minjan 10 verbindend – jedenfalls die Fülle der Menschen, die die Mission der Jünger einbringt.

Es folgen der Dialog der Liebe, den Jesus und Petrus führen, und das Messiasbekenntnis des Petrus: »Liebst du mich?« Das führt uns in den Kern unserer Beziehung zu Jesus. Und diese Frage ist jedem und jeder von uns persönlich gestellt, die entscheidende Frage unseres Lebens. Das ist der bleibende Kern im Wandel und in den Umbrüchen unserer Zeit und unseres Lebens: die Liebe, unsere Liebe zu Jesus.

Jesus steht am Morgen am Ufer und wartet auf uns. Er steht da – wenn wir gestorben sind – am Morgen unseres Auferstehungstages, am Ufer des anderen Lebens. Und – das ist meine Zuversicht – er wartet auf uns, in Liebe, der Freund unseres Lebens.

Nach dem Frühstück gehen wir zu Fuß nach Kapernaum, »in seine Stadt« (Mt 9, 1; Lk 2, 3). Ein Stein bezeichnet die Stelle, wo Jesus dem Synagogenvorsteher Jairus folgte, um dessen Tochter vom Tod aufzuerwecken, und wo die Frau, die seit zwölf Jahren an Blutungen litt, heimlich von hinten sein Gewand berührte und Heilung erfuhr, weil sie auf Jesus ihr ganzes Vertrauen setzte. »Wenn ich auch nur sein Gewand berühre, werde ich geheilt« (Mk 5, 28). Die Kirche in Kapernaum ist über dem Haus des Petrus errichtet, dessen Schwiegermutter Jesus heilte; wir beten die Sext. Hier lebte wohl lange eine judenchristliche Gemeinde.

Die Synagoge aus dem 4. Jahrhundert wird an dem Ort stehen, wo die Synagoge zur Zeit Jesu stand. Unsere schwarze Karmelitin aus Uganda, Schwester Restituta, sieht die Inschrift, dass die Säulen »restitutae sunt«. So wird restituiert und wiederhergestellt, was an Jesu Wirken in Kapernaum erinnert, und ebenso wird restituiert und wiederhergestellt, was Afrika wieder eine Seele gibt. Besinnlich ist der Rückweg mit Blick auf den Berg der Seligpreisungen und den See, und immer wieder Blumen, Ölbäume, Bananen und Grün.

Am Nachmittag gehen wir nach Beit Noah und sehen das neue Gebäude und eingerichtete Haus für behinderte Jugendliche. Wir begegnen dem Abt und Weihbischof für die hebräisch sprechenden Christen, Mons. Jean Baptist Gourion OSB, den Mönchen und Nonnen aus Abu Gosh, die traditionell in der Osterwoche nach Tabgha kommen gemäß dem Engelswort am leeren Grab an Maria von Magdala und die andere Maria: »Geht sofort zu seinen Jüngern und sagt ihnen: Er ist von den Toten auferweckt und geht euch voraus nach Galiläa; dort werdet ihr ihn sehen« (Mt 27, 8).

Es ist eine schöne Stunde intensiver Begegnung zwischen französischen Nonnen und Mönchen benediktinischer Prägung und unserer guten Tabghaer Mischung aus benediktinisch-deutschen Mönchen und philippinischen Schwestern und diesmal zusätzlich deutschen Benediktinerinnen, Klarissen und Karmelitinnen. Die Begegnung schließt mit einer feierlichen Vesper in der Basilika, wo es mächtig französisch, deutsch und lateinisch aufklingt.

III. Zu Bethlehem geboren,
gekreuzigt und auferstanden in Jerusalem

Schabbat (17. 4.) ist bestens geeignet, Jerusalem, die Heilige Stadt, zu sehen. Um 6.00 Uhr fährt der Bus ab durch die Jordansenke, an fruchtbaren Gemüsefeldern, Bananen- und Mangoplantagen vorbei. Weidende und springende Gazellen zeigen ihr graziöses Wesen. Es geht hart am Grenzzaun zwischen Israel und Jordanien entlang. Wir passieren den Checkpoint. Es wird immer wüstenhafter. Jericho, die Palmenstadt und die älteste Stadt der Welt, gleitet an uns vorbei.

Bei der Auffahrt von Jericho nach Jerusalem machen wir Rast und trinken einen Kaffee. Eine Gruppe muslimischer Frauen hält an. Und meine Überraschung: Schleier versteht Schleier; freundliche Worte, die keiner versteht; Lachen, das jeder versteht, und Austausch des Frühstücks. Wenn man nur unsere christlichen Nonnen und die muslimischen Palästinenserinnen ließe, hätten wir morgen Frieden.

Weiter geht die Fahrt: Nebi Musa ist der Ort, wo Muslime des toten Mose gedenken; die Wüste Juda, wo Jesus vierzig Tage und vierzig Nächte fastete; die Herberge des barmherzigen Samaritan, und bald taucht Jerusalem auf. Wir spüren den Gegensatz von Wüste als Todeszone und Stadt als Lebenszone. Vom Skopusberg blicken wir staunend auf die Heilige Stadt, auf Felsendom und Dormitio, auf Russenturm und Grabeskirche. »Wie liebenswert ist deine Wohnung, Herr der Heerscharen. Meine Seele verzehrt sich in Sehnsucht nach dem Tempel des Herrn« (Ps 84, 2).

Doch unser Bus steuert Bethlehem an. Der Checkpoint ist schnell passiert. Ein blutjunger Israeli mit Gewehr im Anschlag geht durch den Bus. Erschreckend ist die Mauer aus Beton, doppelt so hoch wie die Berliner Mauer. Sie mauert die israelische und die palästinensische Gesellschaft auseinander, aus reiner Furcht vor terroristischen Angriffen, undurchlässig für einen Augen-Blick, für einen traurigen Sehnsuchtsruf, für ein kleines Zeichen von Liebe und Freundschaft.

Wir sehen das Caritas-Baby-Hospital, das einst Pfarrer Schnydrig gründete und nun den Wechsel von der Gründergeneration zu neuen Zeiten durchmacht. Wir betreten den Platz vor der Geburtsbasilika, kontrolliert von Polizei, und bücken uns tief, um durch das Tor zu kommen, und werden von der Atmosphäre gefangen, die diese Kirche bereithält mit der Schönheit der Mosaiken und der Ikonostase, mit der Baufälligkeit morscher Balken, mit der Faszination, die der silberne Stern der Grotte ausübt: »Jesus Christus hic natus est« (Joh 1, 14).

Gott wird Mensch, Mensch aus Fleisch und Blut, er kommt in unsere menschliche Geschichte, in einem bestimmten Volk, an einem bestimmten Ort, zu einer bestimmten Zeit. Und dieser Menschheit Jesu, des Sohnes Gottes, ist sein Judesein bleibend eingestiftet, in seiner Sprache, in der Weise seines Denkens, in der Art seiner kulturellen Prägung. Jesus wird unser Menschenbruder, Bruder aller Menschen und zugleich Jude, Sohn der Mirjam, zu Bethlehem geboren. Im Gebet spüren wir sehnsuchtsvoll Gottes Nähe in seiner Menschwerdung.

Wir feiern ergriffen heilige Messe in der Grotte des heiligen Hieronymus, der der lateinischen Welt die Heilige Schrift (in der sogenannten Vulgata) nahebrachte. Wir fahren zurück, am Rachel-Grab vorbei (Gen 35, 16-20), und hören das Wehklagen der Erzmutter und das Weinen der Mütter über den Kindermord des Herodes, über das Morden bis heute.

Am Checkpoint kommen wir gut durch, sehen aber, wie ein Dutzend palästinensischer Männer vor Gewehren im Anschlag mit erhobenen Händen an der Wand stehen, Demütigungen freier Menschen, die jede Friedenshoffnung in den Herzen verdüstern, Feindbilder emotional vertiefen und verfestigen.

Die Intifada erreicht immer neue Qualitäten der Grausamkeit. Gezielt wurde der Hamasführer, der blinde Scheich Jassin, durch Raketenbeschuss ermordet. Unsäglich sind die Selbstmordattentate von Palästinensern, die jüdische Menschen in den Tod reißen. Die Angst hat sich tief in die Gesellschaften eingegraben. Man ruft nach Sicherheit, nach Abgrenzung. Hass und Rache bestimmen das Leben. Unser Jesus hat uns die Feindesliebe gelehrt. Nur der Weg über Verständigung, Gespräch, Freundschaft führt zum Frieden.

Der lateinische Patriarch Michel Sabbah spricht: »Ich habe eine Botschaft der Hoffnung für alle, für Israelis und Palästinenser, für Christen, Muslime und Juden. Es ist die Botschaft, dass das Gute letztlich stärker ist als das Böse, das wir in diesen Tagen hier erleben, weil Gott gut ist. Zugleich setze ich Hoffnung in das Gute im Menschen. Es gibt viele Menschen guten Willens unter Palästinensern und Israelis. Und ich hoffe, dass dieser gute Wille letztlich das Böse übersteigt und besiegt. Trotz der Situation des Todes und der Zerstörung gibt es viele Begegnungen zwischen Palästinensern und Israelis. Und auch, wenn Tod und Hass zunehmen und die Mauer höher wird: Das alles wird eines Tages fallen, und wir dürfen die Hoffnung nicht aufgeben. Es geht nicht von heute auf morgen, es wird länger dauern, wir müssen vielleicht Jahre in dieser Situation leben. Aber wir hoffen immer.« (KNA-Interview, 6. 4. 2004)

Im Nachgang fällt mir auf, dass wir an jedem Checkpoint gefragt werden: »Woher kommt Ihr? Wohin geht Ihr?« Die Frage bohrt sich in mein Herz. Woher? Wohin? Ist Gott es, der so fragt, der seine Engel in diesem militanten Aufzug schickt, um uns diese existentielle Frage zu stellen: Woher kommst du? Wohin gehst du? Sinnfrage unseres Lebens, vor die wir gestellt sind.

Der Weg nach Jerusalem ist kurz. In der Abtei Hagia Maria Zion erwarten uns die Mönche. Ein kurzer Mittagsimbiss erfrischt uns. Wir besuchen die Kirche und den Ort der Entschlafung Mariens. Das Regenbogenkreuz erinnert an die Bünde Gottes mit Noah, Abraham und Jesus.

Wir gehen durchs jüdische Viertel und vereinen uns mit den Betern an der Westwall, die, mit Gebetsschal und Hüten angetan, voll Bewegung im Gebet sind. Wir sehen auf den Felsendom und die Al Aqsa-Moschee. Wir gleiten durch den Suk mit seinen Waren und Gerüchen, mit seinem Gedränge und Gelärme. Wir stehen vor der Anastasis, der bedeutendsten Kirche der Christenheit, und beten auf Kalvaria, angetrieben von einem griechisch orthodoxen Mönch.

Auch all diese Erfahrungen fließen hier ein, Krieg und Waffen im Heiligen Land, fehlende Pilger, fehlende Einkünfte, fehlende Ernährung. Eine ältere Schwester sagt später: Auch diese Erfahrungen seien Nachfolge, und sie habe überlegt, was bei ihr der Erlösung bedürfe, um es zum Kreuz zu bringen.

Als wir hinabsteigen zum Salbungsstein Christi, zieht der griechisch-orthodoxe Patriarch Irenaios ein, geleitet von Kawassen, den muslimischen Wächtern mit rotem Fez und stampfenden Stöcken, und zwölf Metropoliten. Weihrauch, Gebete, Verehrung des Salbungssteines, Gang zum Heiligen Grab. Leider drängt die Zeit. Durch die äthiopische Kapelle gelangen wir zur Dachterrasse, wo wir das neue Kreuz und die alten Zellen der äthiopischen Mönche bewundern.

Am koptisch-orthodoxen Patriarchat vorbei geht es zur Via dolorosa. Aus Zeitnot bleiben wir nur bei Schwester Rose an der Sechsten Station, die der Veronika gewidmet ist mit dem Schweißtuch, in dem der Herr sein Bild zurückließ, die vera icon, dem wahren Bild Christi gewidmet und Claudel bedenkend, »Jeder Christ ist seines Christus wahres, aber unwürdiges Bild.« Wir hören das Osterevangelium, die Botschaft von der Auferstehung des Herrn, die zweite Grundbotschaft über Jesus, den Christus, am heutigen Tag. Gott ließ ihn im Grabe nicht. Er ist auferstanden. Er lebt. Er ist da für uns – zu unserem Heil. Zur gleichen Stunde, wenige Kilometer entfernt, wird der Nachfolger von Scheich Jassin, Rantisi, ermordet. So nah stoßen die Welten aufeinander.

Der Weg führt uns – Dr. Wilhelm Bruners stößt am Österreichischen Hospiz zu uns – zum Löwen- bzw. Stephanustor. Zwei Löwen wollten – so die Legende – Suleiman den Prächtigen, den Erbauer der Stadtmauer, fressen, wenn er sie nicht verewige; so gelangten ihre steinernen Bilder ins Tor. Hier nimmt alljährlich die Palmprozession ihren Ausgang. Hier hat 1967 Menachem Begin in einem blutigen Mann-zu-Mann-Kampf die Stadt erobert. Darauf bezieht sich das Lied »In deinen Toren werd' ich stehen, du freie Stadt Jerusalem«, das zuerst politisch gemeint war, heute aber eschatologisch auf das Himmlische Jerusalem bezogen wird. Angesichts der leidvollen Erfahrungen mit dem Blutzoll singt man das Lied hier besser nicht.

Wir fahren den Ölberg hinauf und besuchen die französischen Benediktinerinnen, die eine Schule führen. Als sie kamen, war gerade die Union mit den Melkiten vollzogen, und ihre Mission richtete sich auf die römisch-katholische – orthodox-orientalische Ökumene, heute eher auf die Versöhnung von Christen, Juden und Muslimen. Mit Saft erfrischt, geht der herrliche Blick von der Veranda des Klosters auf die Altstadt und den Tempelberg, auf die goldene Kuppel des Felsendomes und die zugemauerte »schöne Pforte«, durch die einst der Messias kommen wird. Deshalb sind jüdische, christliche und muslimische Gräber ganz in der Nähe.

> »Oh when the saints go marching in,
> then Lord, let me be in that number,
> when the saints go marching in!«
> »Ja, wenn der Herr einst wiederkommt,
> ja, dann lass mich doch dabei sein,
> wenn der Herr einst wiederkommt.«

Die Heimfahrt bringt uns durch die Wüste, an Jericho, an Beth Shean und Kursi vorbei nach Tabgha zurück.

Weißer Sonntag (18. 4.). Gedenktag des Holocaust, der Vernichtung der europäischen Judenheit durch die Nazis. Wir feiern Eucharistie in Dalmanutha mit deutschen und englischen Texten. Vögel feiern mit und Hugo, der schläfrige Hund. In der Ferne Treckergeräusche arbeitender Bauern.

Die Thomasgeschichte (Joh 20, 24-29) bewegt sich vom physischen Betasten der Wundmale Jesu zum Besitzergreifen, zum intellektuellen Begreifen und Ergreifen, zum Ergriffenwerden und Ergriffensein im Glauben. Der Weg des Sich-Überzeugens, des Überzeugtwerdens zum Überzeugtsein, der Weg vom untauglichen physischen Gottesbeweis zur gläubigen Überzeugung und zum ergriffenen Bekenntnis: »Mein Herr und mein Gott.«

Für uns, für mich ist diese Geschichte erzählt, dass wir die physischen Vordergründigkeiten durchstoßen und unser, mein Herz glaubend begreift und sich ergreifen lässt: Er ist der auferstandene Herr. Nur Hugo nimmt es gelassen.

Wir wandern an diesem österlichen Morgen den Berg der Seligpreisungen hinauf, an Bananenplantagen vorbei, singen »Laudate omnes gentes, laudate Dominum« und hören die Seligpreisungen Jesu, Kern seiner Botschaft für eine friedvolle und gerechte Welt. Beim Abstieg gehen wir zur Eremos-Höhle, wo Jesus in der Einsamkeit betend weilte (Mk 1, 35. 6, 31 f.; Lk 5, 16. 9, 18), und schauen meditierend den See und die galiläische Landschaft an.

Am Nachmittag fahren wir zum Ausgang des Wadi Amud und gehen eine Stunde weit hinein. Es ist heiß. Wir sehen »die Säule der Weisheit«, wo Napoleon den dort angeblich verborgenen Tempelschatz gesucht haben soll. Hoch auf den Felsklippen haben zwei Klippdachse ihren Beobachtungsposten bezogen. Die Felswände sind sozusagen »Altbauwohnungen« für Tauben und Geier. Am Wadi blüht Oleander und grünen die Sträucher.

Am letzten Tag der Schwestern (19. 4.) ist eine Fahrt auf dem See und nach Banias geplant. Da das Schiff noch nicht da ist, gehen wir zur griechisch-orthodoxen Kirche von Kapernaum, die weiß geputzt, mit rotem Dach vor uns liegt. Ein Mönch öffnet, ein bunter Pfau zeigt sich im blühenden Garten. In der Kirche bewundern wir die Ikonostase, Ikonen mit dem gefesselten Besessenen von Gerasa (Kursi) und dem Ritt der Dämonen auf den Schweinen in den See, die Ikone, wie Jesus den sinkenden Petrus aus dem See zieht, und wie Petrus an Land schwimmt, die Ikone mit Maria Magdalena und das Gerichtsgemälde. Oben in den Kuppeln zwei völlig gleiche Gesichter, nur eines mit schwarzem und eines mit weißem Haar. »Ich und der Vater sind eins« (Joh 10, 30).

Eine halbe Stunde später legt das Schiff ab. Auf der Mitte des Sees feiern wir Eucharistie. Das Wetter ist umgeschlagen; die See wird unruhig. Es regnet. Später wird Schwester Restituta aus Uganda sagen, ihr tiefstes Erlebnis sei dieses gewesen: »Die Eucharistie trägt uns durch die Stürme der Zeit.«

Bischof Reinhard erinnert an den Sturm auf dem See, den Jesus stillt. Das Boot erinnert an die Kirche heute. Und Bonifatius fordert uns auf, das Boot der Kirche nicht zu verlassen, sondern zu steuern. »Ecclesia, quae velut navis magna per mare mundi huius enavigat, quae diversis tentationum fluctibus in hac vita tunditur, non est relinquenda, sed regenda.« »Die Kirche fährt über das Meer dieser Welt wie ein großes Schiff und wird von den Wogen – das sind die Anfechtungen des Lebens – hin- und hergeworfen. Wir dürfen das Schiff nicht verlassen, sondern müssen es lenken.« Das gilt wohl gerade in den Umbrüchen unserer Zeit, in den personellen, finanziellen und strukturellen Engpässen und Nöten unserer Kirche und unserer Orden und Gemeinschaften.

Wir landen in En Gev, fahren an Kursi, Tell Hadar und Hippos vorbei auf den Ophir, wo wir mit dem Blick auf den See zu Mittag essen. Wir fahren über den Golan, die römische Gaulanitis, mit seiner Landwirtschaft und seinen israelischen Bauernsiedlungen. Hier wachsen reiche Früchte, Äpfel, Kirschen, Citrusfrüchte, Mangos. Es folgen Eukalyptus, Kiefern und Golaneiche. Kühe, Ziegen und Esel zeigen sich in grüner Umgebung. Eine Menge von Störchen ist zu sehen, da reichlich Süßwasser vorhanden ist.

Vor uns liegt der schneebedeckte Hermon, der Berg der Sonne. »Sende dein Licht und deine Wahrheit ... dass sie mich führen zu deinem heiligen Berg« (Ps 43, 4). Hier im Grenzgebiet von Libanon, Syrien und Israel gibt es Skisport. Hier leben in den Dörfern Drusen – eine muslimische Sekte, könnte man sagen –, deren Männer durch Haartracht und Hosen auffallen, die sehr anpassungsfähig gern für das Militär eingesetzt werden. Sie glauben an die Wiedergeburt. Einige werden als Priester wiedergeboren, die ihrerseits gebären können. Bei einer Sturzgeburt landet das Kind dann in der Hose.

Bei der Burg Nimrod gelangen wir an das Dreiländereck und schauen auf die unüberwindlichen Grenzbefestigungen, auf das neue Kuneitra und das alte, zerschossene Kuneitra, einst Hauptstadt der Region, vermintes Gelände und Ruinen von Häusern erinnern an die blutigen Kämpfe.

Wir nähern uns den Ruinen von Caesarea Philippi, der Stadt des Bruders von Herodes, und stehen in Banias vor der Höhle des Pan, wo Menschen geopfert wurden, die uns daran gemahnen, dass in diesem Gebiet Hekatomben von Menschen in Kriegen ihr Blut lassen mussten. Was denkt der Storch, der über uns fliegt, von diesen Massenopfern der vergeblichen und nutzlosen Kriege? Ludger Bornemann erschließt uns den Ort. Wir sind an der Quelle, am Ursprung. Wer bin ich? Was bin ich? Meinen Namen, meine Bestimmung gebe ich mir nicht selber, er wird mir gegeben, auch dadurch, wie andere mich sehen und ansehen und mir Ansehen geben.

Jesus gibt Simon den Namen Petrus. Wasser, Taufe, Taufname. Simon, das kommt von Schemah, von Hören. Simon ist ein Hörender (er ist es, der Malchus mit dem Schwert das Ohr abhaut). Als Petrus, Fels, findet er seine Bestimmung für sich, für die Kirche bis heute im Petrusdienst.

Zurück geht die Fahrt durch das Hule-Tal, wo der verstorbene Freund Günther Pelikan einst die Sümpfe entwässerte unter ständigem Beschuss syrischer Artillerie, an Kirjat Schemone vorbei, wohin sich zuweilen Raketen der Hamas verirren.

In der abendlichen Runde fragen wir: Was bleibt von der Reise? Was waren die stärksten Eindrücke? Frau Dr. Eva Maria Streier fasst zusammen: »Die starke Erfahrung Galiläas und des Sees – des Friedens, der Ruhe, der Fülle dieser Landschaft, in der alles Geschenk, nichts zu erarbeiten ist.« Auch die Erfahrung der Gemeinschaft in der Gruppe über eine Woche habe geprägt. Einer meint, Jesus wäre recht gern dabei gewesen, und fügt hinzu: »Er war es auch.«

Um Jesus leibhaft zu spüren, muss man die heiligen Stätten berühren, den Stern in der Geburtsgrotte, den Fels von Kalvaria, den Stein des Heiligen Grabes, den Fels der Brotvermehrungskirche, den Marienbrunnen in Nazareth. So geht man wie die blutflüssige Frau auf Tuchfühlung mit Jesus. Und wir erfahren, wie es eine Dinklager Schwester formuliert, »Durchbetetes Land«: bei den Kleinen Schwestern Jesu in der Via dolorosa, bei den Benediktinerinnen in Jerusalem, bei den Kleinen Brüdern Charles de Foucaulds in Nazareth, bei den Einsiedlern in Deir Hana, in Tabgha, an jüdischen und muslimischen Gebetsorten, hinter unscheinbaren Türen, an verborgenen Orten, in brenzligen Situationen, da wird gebetet.

Es war eine wunderbare Zeit in geistlicher Atmosphäre und in geschwisterlicher Gemeinschaft. Das Heilige Land hat uns gelehrt, Christus zu lieben, so wie es für Kardinal König auf seinem Totenzettel abgedruckt ist (+ 13. 3. 2004).

> »Christus, göttlicher Herr,
> dich liebt, wer nur Kraft hat zu lieben:
> unbewusst, wer dich nicht kennt;
> sehnsuchtsvoll, wer um dich weiß.
> Christus, du bist meine Hoffnung,
> meine Freude, mein Glück, all mein Leben:
> Christus, dir neigt sich mein Geist;
> Christus, dich bete ich an.
> Christus, an dir halt' ich fest
> mit der ganzen Kraft meiner Seele:
> dich, Herr, lieb ich allein –
> suche dich, folge dir nach.«
> (Hymnus der Komplet
> aus dem Stundengebet der Kirche)

Es ist ein Vermächtnis des Kardinals, der die Religionen dieser Erde erforscht hat, eine Botschaft für das Leben der Menschen im Heiligen Land, für Muslime, Juden und Christen. Christus, »dich liebt, wer nur die Kraft hat zu lieben: unbewusst, wer dich nicht kennt; sehnsuchtsvoll, wer um dich weiß.«

Jede Liebe richtet sich letzten Endes auf Gott. Ein Christ, der im menschgewordenen Jesus Gottes Sohn erkennt, kann nicht anders empfinden, als dass diese Liebeskraft sich auf Christus richtet, bei den Menschen anderer Religionen »unbewusst, wer dich nicht kennt«, bei Christen »sehnsuchtsvoll, wer um dich weiß«.

Die Weite des Gedankens führt zu dem Respekt und der Ehrfurcht vor jedem Menschen, welcher Religion er auch angehört; seine und ihre Liebeskraft richtet sich »unbewusst« immer auf Christus. Wer aber um Christus weiß, dessen Liebeskraft ist »sehnsuchtsvoll« auf ihn gerichtet. Auf dieser Folie des Respekts und der Ehrfurcht gegenüber Menschen anderer Religionen entfaltet der Hymnus seinen Lobpreis Christi »mit der ganzen Kraft meiner Seele«.

Die Schwestern haben die Freude, am Abreisetag (20. 4.), über den Karmel zu fahren, Ursprungsort des Ordens Unserer lieben Frau vom Berge Karmel, wo sie singen:

> »Schweige und höre,
> neige deines Herzens Ohr,
> suche den Frieden.«

Elijah ist ein feuriger Prophet. Er provoziert auf dem Karmel die große Auseinandersetzung mit den Baalspriestern, er verhöhnt und verspottet sie und nötigt Gott, mit dem Feuer ein Gottesurteil zu sprechen. Es wundert nicht, dass er im feurigen Wagen zum Himmel fährt. Glühend berichtet er Gott. »Mit leidenschaftlichem Eifer bin ich für den Herrn, den Gott der Heere, eingetreten, weil die Israeliten deinen Bund verlassen, deine Altäre zerstört und deine Propheten getötet haben. Ich allein bin übriggeblieben und auch mir trachten sie nach dem Leben« (1 Kön 19, 10). In seinem leidenschaftlichen Feuereifer ist er der Prototyp des Propheten.

Als Jesus auf dem Tabor verklärt wird, sind Mose und Elijah bei ihm, die Repräsentanten von Gesetz und Propheten. Elijah kämpft prophetisch für die Geltung des Gesetzes. Das kommt auch in der jüdischen Tradition zum Ausdruck, wenn der Knabe am achten Tag nach der Geburt auf den »Stuhl des Elijah« gesetzt und beschnitten wird und also das Bundeszeichen erhält, das seit Abraham von Generation zu Generation weitergegeben wird.

Elijah als Vorbote des Messias weist auf das kommende Heil. Und der Mohel (Beschneider) zitiert: »Dies ist der Stuhl des Elijah, es sei seiner zum Guten gedacht. Auf Dein Heil habe ich gewartet, Ewiger (Gen 49, 18). Auf Deine Rettung, Ewiger, habe ich gehofft (Ps 119, 166)«, sowie: »Gepriesen bist du, Ewiger, unser Gott. Du regierst die Welt. Du hast uns durch die Gebote geheiligt und uns aufgetragen, Söhne in den Bund Abrahams, unseres Vaters, einzubringen.«

Weiter finden wir den Bezug auf Elijah in der jüdischen Tradition am Sederabend beim Pessachmahl, das an Gottes Befreiung des Bundesvolkes aus der Knechtschaft Ägyptens erinnert. Dieses jüdische Hausfest, auf das sich unsere christliche Eucharistiefeier bezieht, hat religiöse, familiäre und politische Dimensionen. So sehr die Familie die Vergangenheit des Exodus und den Erwerb der Freiheit erinnert, so sehr schaut sie nach vorn in die messianische Zukunft am Ende der dunklen Nacht des Exils, in der Israel heute lebt, eingemauert und separiert, ohne lebendige Sehnsucht nach Friede und Freiheit.

Der unsichtbare Gast beim Seder, für den ein extra Becher Wein bereitgehalten wird, ist der Prophet Elijah, der Vorbote des Messias. Die abschließenden Worte der Haggada schauen nach vorn, auf eine Rückkehr in das wiederhergestellte Zion. »Nächstes Jahr in Jerusalem!« Wir durchleben diese Nacht in einer Zeit außerhalb der Zeit.

Schließlich wird der Prophet beim Tischgebet genannt: »Der Barmherzige, er schicke Segen in dieses Haus und auf diesen Tisch, an dem wir gegessen. Der Barmherzige, er schicke uns den Propheten Elijah. Zum Guten sei seiner gedacht, dass er uns gute Nachrichten, Heil und Trost verkünde.«

Allein geblieben, fahren wir zu den Lagunen des Jordan hinaus, eine ursprünglich wilde Landschaft. Der See hat fast seinen Höchststand erreicht. So können wir nicht durch die Lagunen waten, sondern wandern an Bananen, Mangos und Getreide vorbei, hören Fische und Kröten, sehen Vögel, Störche und Reiher. Ein schwarzweißer rüttelnder Vogel fängt im Sturzflug einen Fisch.

Am Nachmittag ist es drückend heiß. Ein Bad im »Hafen«, eine besinnliche Stunde in Dalmanutha, Ankunft einer Gruppe behinderter Jugendlicher, abendliches Vespergebet in der Basilika.

Mit dem Schlauchboot der Schwestern fahren wir hinaus bis hinter die Primatskapelle (21.4.). Es wird 32 Grad Celsius heiß. Nachmittags sind wir zum Kaffee bei den Schwestern. Sie erzählen, dass 20 000 bis 30 000 Filipinas in Israel sind, oft illegal, die in Hauswirtschaft, Raumpflege und häuslicher Altenpflege arbeiten. Die Schwestern knüpfen Kontakte bei Gottesdiensten in Haifa und helfen. Die Filipinas sind sehr treu im Glauben. Auch die messianischen Juden in Haifa und andere Gruppen treffen sie und werben.

Nach der Vesper ist Buffet und Gespräch bei den Benediktinern. Sie erzählen von heulenden Koyoten, gefährlichen Schlangen und Mingos, einer Rattenart mit langem

Schwanz. P. Jeremias, der Prior, berichtet von der Katze, die fromm die Komplet mitgebetet hatte, sodass auch sie den Nachtsegen mit dem Weihwasser erhält. Es ist schön zu erfahren, dass die fünf Mönche einen stabilen Konvent bilden. Schwester Benedikta zeigt uns ihr Haus in Magadan, in dem sie mit einer Bewerberin ein beschauliches Leben beginnt.

Der Tag der Abreise ist gekommen (22. 4.). Es geht durchs Jordantal, an Jericho vorbei, hinauf nach Jerusalem. Vom Skopusberg sehen wir noch einmal die Heilige Stadt. In Hagia Maria Zion verweilen wir für Sext und Mittagessen. Die münsterischen Mitreisenden bleiben noch ein paar Tage. Ludger Bornemann bringt mich zum Flughafen Ben Gurion. Bei der Abfertigung gibt es Probleme mit dem Koffer. Um 17.30 Uhr hebt die Lufthansa ab. Wohlbehalten erreiche ich Aachen.

Die Tage geistlicher Besinnung mit den Schwestern haben gut getan. Die Gebetszeiten der Osterzeit enden mit dem Schlussgesang, der melodisch an den Hymnos Akathistos anknüpft:

»Freue Dich, die du uns geschenkt hast das Heil;
Freue dich,
überwunden ist der Tod durch Christi Tod.
Freue Dich, Christi Licht leuchtet in der Welt;
Freue Dich Deines Erlösers, Jerusalem.
Halleluja, Halleluja, Halleluja.«

Inspiration für Geist, Herz und Seele

Der Aachener Bischof Heinrich Mussinghoff und stellvertretende Vorsitzende der Deutschen Bischofskonferenz wird weit über Deutschland hinaus als Gesprächspartner geschätzt. Der Band gibt einen charakteristischen Überblick über seine herausragenden öffentlichen Wortmeldungen. Die Geist, Herz und Seele inspirierenden Positionen beeindrucken durch spirituelle Originalität, religiöse Toleranz und sozialpolitische Verantwortung im eigenen Land wie in der Einen Welt.

Ob Betrachtungen zum Gottesverständnis vor dem Jüdischen Welt-Kongress, Reflexionen zum Amt kirchlicher Richter oder zur Militärseelsorge, Empfehlungen zur Feier des Sonntags, Positionen in Fragen der Bio-Ethik oder Glaubens-Ansporn für kolumbianische Priesteramtskandidaten: Aus den Gedanken von Heinrich Mussinghoff spricht tief verwurzelte münsterländische Frömmigkeit; seine soziale Sensibilität ist im Engagement für die Gemeinschaft Sant'Egidio praktisch geworden.

Mussinghoff, Heinrich:
»Ermutigung im Glauben.
Vorträge – Erklärungen – Gedanken«
600 Seiten, Festeinband, Format 25 x 18,5 cm
dialogverlag Münster
ISBN 978-3-937961-43-9
29,80 €